L'ÉTAT ET LA GUERRE CHEZ LES INKAS

Portrait d'un empire militaire

José Juan Pacheco Ramos

© José Juan Pacheco Ramos

Ce n'est pas un ouvrage du domaine public et je dispose de tous les droits de publication nécessaires.

Tous droits de traduction et de reproduction réservés pour tous pays.

Dédié aux peuples des Andes.

SOMMAIRE

PRÉFACE 7

INTRODUCTION 9

CHAPITRE I : LES SOURCES HISTORIQUES .. 13
1. Les chroniques 13
2. Les documents indigènes 17

CHAPITRE II : LA DYNASTIE INKA 21

CHAPITRE III : L'ÉTAT INKA 31
1. La période pré-inka 31
2. La période inka 38
3. L'apogée avec Pachakutij 41

CHAPITRE IV : L'ORGANISATION POLITICO-SOCIAL 44
1. Les classes sociales 47
2. La classe dominante 48
3. Le peuple 55
4. Les mitmajkuna 60
5. La classe des serviteurs 65

CHAPITRE V : L'ARMÉE INKA 69
1. Les chefs militaires 69
2. Le service militaire 72
3. L'organisation des troupes 74
4. Ravitaillement 75

CHAPITRE VI : LA POLITIQUE ET LA GUERRE ... 79

1. UN ÉTAT DE CONQUÊTE 79
2. LES MÉTHODES DE CONQUÊTE 80
3. LES ARMES 85
4. LA BATAILLE 88
5. LE TRIOMPHE 90
6. LES PLACES FORTES 91

CHAPITRE VII : L'EXPANSION DE L'EMPIRE 94

CHAPITRE VIII : LA GUERRE INKA-CHANKA ... 106

1. YAWAR WAQAJ-WIRAQOCHA OU WIRAQOCHA-PACHAKUTIJ? 106
2. LA BATAILLE D'ICHUPAMPA 109
3. L'EMPIRE À L'ÉPOQUE DE WAYNA QHAPAJ .. 116

CHAPITRE XIX : LA FIN DE L'EMPIRE 125

BIBLIOGRAPHIE 129

NOTES 134

CARTES 141

PRÉFACE

Il y a un peu plus de trente ans que je faisais une maîtrise d'histoire à l'Université de Paris VII-Jussieu sous la direction des illustres professeurs George Boudarel et Daniel Heméry et qu'après avoir lu tout ce qui me tombait sous les mains, je rédigeai mon mémoire sur l'État inka et ses campagnes militaires.

Quelques années auparavant Paris avait été témoin du Mai 68 avec les révoltes d'étudiants qui provoquèrent, parmi d'autres, qu'un groupe de maîtres et professeurs progressistes quittèrent la conservative Sorbonne et partirent fonder le département d'histoire et géographie de Jussieu, où on sentait alors un air clairement rénovateur et où on était ouvert aux thèmes nouveaux.

Un de ces thèmes était l'étude de la guerre en tant que fait social présent depuis toujours dans les sociétés humaines. « L'art de la guerre », du philosophe chinois Sun Tzu, « Commentaires sur la guerre des Gaules » de Jules Cesar » et « De la guerre » de Karl von Klausewitz étaient nos lectures enrichissantes. Ce modeste travail rédigé para un jeune étudiant péruvien sur un sujet absolument nouveau pour des historiens qui cherchaient justement des vois alternatives dans la recherche, fut reçu alors avec beaucoup de benevolence.

Maintenant et grâce à l'insistance de quelques amis du Pérou j'ai décidé donc de publier mon texte de jadis avec certes petites corrections dans la forme mais sans toucher le fond, car le temps a démontré que l'idée centrale d'examiner comment les Inkas appliquaient le recours à la guerre comme une continuation de l'activité politique, était correcte.

Il est pertinent de souligner que les peuples américains ne connaissaient pas le poudre et que sa technologie militaire était limitée aux armes à courte portée, ce qui donnait de l'importance stratégique aux nombre de soldats et à la discipline, deux fortes caractéristiques des armées inkas. La défaite postérieure face aux armes à feu des Espagnols corresponde donc à une autre phase dans le développement des conflits guerriers et n'a pas été traitée ici.

Que les fautes et omissions dans ce travail motivent aux chercheurs d'aujourd'hui à approfondir la recherche de ce sujet fascinant!

Palma de Mallorca, juin 2014

INTRODUCTION

Le titre de ce mémoire, « La conception de l'État et de la guerre chez les Inkas », nous pose, au départ, un problème de définition : celui de l'objet de notre étude.

L'origine de la nation inka se perd dans la nébulosité des mythes et légendes andins et dans les spéculations gratuites des chroniqueurs. L'ouvre de ceux-ci constitue notre principale source d'information, car ils ont été les témoins des derniers jours de l'empire inka; mais il est impossible d'accorder à leurs écrits la valeur absolue que l'Histoire donnait aux textes. En effet, eux, ils ont recueilli les informations que les habitants de l' "ancien Pérou"[i] pouvaient donner sur leur passé, ce qui nous oblige à considérer les chroniques plutôt sous les critères qui dirigent le fonctionnement des traditions orales.

Si bien l'abondante mythologie indienne et les progrès des sciences sociales peuvent nous donner quelques lumières sur l'ensemble de l'histoire inka, nous tenons à souligner que, pour ce qui concerne à la conception de l'Etat et de la guerre, nous nous appuyons sur des évènements proprement historiques -dans le sens scientifique du terme-, c'est à dire sur la période "immédiatement" antérieure à 1'arrivée des Espagnols, qu'on peut considérer comme celle de l'apogée de l'Etat militariste des Inkas.

Il faut aussi dire que jusqu'aujourd'hui des nombreux travaux de discutable valeur historique ont été faits, mais que les institutions incas n'ont été que secondairement étudiées.[ii]

Un mot encore sur la signification et portée du terme « conception ». Il est très difficile de prétendre arriver à définir ce que l'Etat et la Guerre, autant que concepts, pouvaient être chez les Inkas; et, si bien nous allons reprocher aux chroniqueurs Espagnols leur incapacité pour comprendre le monde indien, il est très possible que nous aussi tombions dans des erreurs d'interprétation. La « conception », cette idée générale dans l'esprit humain, peut être expliqué par un individu appartenant au groupe humain concerné ; mais, dans ce cas-ci, nous nous approchons du monde andin en tant que témoins, ce qui ne va pas sans danger.

Déjà, le sociologue Franklin Pease écrivait sur les chroniqueurs:

> *«…il faut partir de la base que même ce que les chroniqueurs ont vu est susceptible de sérieuses erreurs interprétatives, dès que le témoin fonctionne et élabore son témoignage sur la base de catégories conceptuelles de son propre monde… »*[iii]

Ce travail essayera donc de ne pas être une « conception de la conception » et de comprendre et l'institution étatique et l'institution militaire incas, en ayant soin de s'appuyer, dans la mesure du possible, sur des faits historiques

Paris, novembre 1979

CHAPITRE I : Les sources historiques

1. Les chroniques

Comme nous l'avons déjà dit, notre principale source informative c'est l'ouvrage des Espagnols - soldats, prêtres, etc.- arrivés en l'Amérique indienne en conquérants et en colonisateurs.

Lorsqu'ils se sont élancés dans l'épopée de la conquête du Nouveau Monde, au 16e.siècle, les Espagnols venaient de se libérer de huit siècles de joug arabe. De leurs trois siècles de guerres d'émancipation, ils sortirent avec le caractère trempé comme l'acier, experts dans l'art de guerroyer, inclinés à 'l'aventure et à l'ambition. Dans cette entreprise, le dogme catholique avait joué un rôle unificateur devant l'islamisme envahisseur en s'enracinant dans la conscience populaire. La souveraineté reconquise, l'Eglise se constitua en un des hauts pouvoirs de l'Etat, fanatisa le peuple et institua l'inquisition. Au même temps, l'obscurantisme couvrit le pays, et les sciences et beaux-arts devinrent des privilèges de l'Eglise, ce qui explique le retard et l'insignifiance de la Renaissance espagnole.

Les conquérants étaient des produits de ce monde. Leur chef, Francisco Pizarro, soldat analphabète, n'avait amené que très peu d'hommes à réfléchir : Francisco de Jerez : secrétaire, Pedro Sancho: greffier, N. Riquelme:

trésorier; Miguel de Estete: huissier, Vicente **Valverde**: prêtre; et c'est peut-être par un souci d'informer le souverain sur le déroulement de la conquête que ordre fut donné d'écrire les premières chroniques. Ainsi, secrétaire, huissier et greffier devinrent nos premiers informateurs aux récits circonstanciels et descriptifs.[iv]

C'est dans les dix o vingt ans suivants que les premiers travaux "sérieux" -dans la mesure où on racontait des événements appartenant déjà au passé- furent entrepris. Cependant, ces chroniqueurs n'agirent que par propre initiative et ne nous ont laissé rien de vraiment important.[v]

Une fois éteints les derniers foyers de résistance armée indienne, les Espagnols commencèrent la lutte la plus dure: celle de la conscience religieuse. Le catholicisme vainqueur de l'Islam et à l'inquisition expéditive, s'attaqua à l'»idolâtrie» andine, choc dont la vraie victoire revint à celle-ci.[vi]

L'homme andin vaincu demeura inaccessible pour la doctrine chrétienne. Et la nécessité de comprendre s'est très vite avérée évidente, tâche entreprise par des religieux dont les quelques dizaines de chroniques sont aujourd'hui presque disparues.[vii]

Les nouvelles autorités politiques développèrent un travail parallèle de recherche sur le passé, organisation, mœurs, etc., indigènes, dans le même souci de découvrir la vraie nature des vaincus.

"Le premier dignitaire à entreprendre cette tâche fut le Licencié Cristobal Vaca de Castro, venu mettre un terme à la lutte entre pissarristes et almagristes. En 1542 il fit comparaître quatre indigènes experts dans le maniement des khipus et tira d'eux une bonne poignée d'informations sur le Tawantinsuyu".[viii]

Le document obtenu, qui constitue le premier essai d'élaboration de l'histoire inka, est connu comme la »Relación de los Quipucamayus de Vaca de Castro ».

Or, le régime colonial était définitivement imposé et les excès des Espagnols[ix] provoquèrent un courant d'opinion de proteste, dont les principaux représentants étaient Antonio de Montesinos, Marcos de Niza, Bernardino de Minaya et Bartolomé de las Casas. L'œuvre de celui-ci[x] a contribué le plus à la naissance de la "Légende Noire" -courant qui voulait que la domination espagnole était complètement illégale et absolument génocide- et quoique elle est motivée par des sentiments humanitaires, nous devons considérer que c'est précisément à cause de ceci qu'elle manque d'objectivité, outre le fait que de las Casas n'est jamais allé au Pérou et n'a pas été le témoin des faits qu'il dénonce.

La monarchie espagnole ne pouvait pas ne pas riposter aux défenseurs des indigènes et très vite le courant opposé vit la lumière. Ce fut l'œuvre du vice-roi Francisco de Toledo qui, entre 1570 et 1572 réunit deux centaines d'indigènes des plusieurs régions du Tawantinsuyu et du Cuzco, et les soumit à des interrogatoires qui aboutirent aux "Informations" remises au souverain. La nature de ces documents nés pour démontrer la légitimité de la domination espagnole en Amérique et imprégnés du même subjectivisme que ceux de de las Casas, nous oblige à les examiner très d'une manière très critique; il va de même pour l'œuvre de Sarmiento de Gamboa qui écrivit sa "Historia Indica" par mandat de ce même vice-roi.

Parmi les très nombreux chroniqueurs Espagnols, il y a eu aussi quelques indiens et métis qui s'adonnèrent la tâche d'écrire l'histoire de leurs ancêtres. Parmi eux nous devons retenir à Blas Valera dont les quelques pages sauvés[xi] témoignent une grande valeur informative; Felipe Waman Puma de Atala qui nous a laissé un ouvrage[xii] important sur des informations recueillies en quichua par l'auteur en plusieurs région du pays; et Gracias de la Vega qui avec ses « Comentarios Reales» à bien délimité certains aspects de la vie de l'empire quoique il a créé de toutes pièces l'histoire antérieure à Pachakutij, dans une perspective plutôt littéraire. Autour des c:roniqueurs nommés il y a une pléiade d'autres auteurs dont il serait superflu de donner la relation et dont la lecture ne nous donne que très peu de nouveaux éléments.

Il importe davantage de faire quelques précisions.

Nous avons déjà dit dans l'introduction qu'ayant été les chroniques écrites sur la base des informations données par les habitants de l'empire inka au 16e. Siècle, il faut les considérer comme des traditions orales. Aussi nous ne devons pas oublier que l'indigène vaincu et soumit n'avait aucune raison pour bien informer ses interrogateurs et/ ou ne pouvait le faire en raison de sa méconnaissance de la langue espagnole ou de la méconnaissance de sa langue par les conquérants. Le monde de possibilités offert par les chroniques ne peut pas être valorisé sans considérer des autres analyses sur la réalité andine, surtout ceux de l'archéologie et de l'ethnologie. Dès ce point de vue, l'approche du Tawantinsuyu oblige à reconstruire sur la base de ces éléments une histoire approximative de l'empire et une appréciation initiale de ses institutions.

2. Les documents indigènes

On pourrait dire qu'ils n'existent pas. L'écriture, telle que nous la concevons aujourd'hui, n'existait apparemment pas chez les Inkas, quoique ce point n'ait pas été définitivement clarifié. Ainsi, plusieurs studieux Péruviens se prononcent pour dans ce débat: Cúneo Vidal a cru trouver une écriture idéographique dans les sous reliefs de *Tiawanaku* et Rafael Larco Hoyle dans les dessins *chimú*, Vélez López croit lui aussi à une écriture chimú qui aurait été interdite par les Inkas lors de la conquête de cette région, Porras Barrenechea défendait la thèse d'une écriture pictographique et de Rivero et de Tschudi celle d'une écriture hiéroglyphique. Quoiqu'il en soit, les restes sur lesquels ces studieux s'appuient demeurent indéchiffrables jusqu'à présent.[xiii]

Ce sont les *khipus* qui nous ont donné quelques précisions sur l'organisation politico-économique inka. On peut les définir comme des faisceaux de cordelettes dont les couleurs, les combinaisons et les nœuds étaient dotés de significations conventionnelles précises.

Les cordelettes tressées consistent en un fil principal, comme base, et en plusieurs fils plus ou moins fins qui lui sont noués et qui, disons, contiennent les données du kip en nœuds simples ou diversement faits. Leur dimension est très variée, le fil principal pouvant mesurer entre 30 cm et 5 m quoique les branches rarement excédent 1 m. Mr. de Rivero en a trouvé un près de Lima qui pesait une demi « arroba » (soit 5 kg 725 gr environ).

Les couleurs des fils ont de différentes significations: le rouge signifie « soldat » ou « guerre »;

le jaune « or »; le blanc « argent » ou « paix »; le vert « blé » ou « maïs »; etc. Dans le système arithmétique un nœud simple indique « dix », deux nœuds simples ensemble « vingt »; un nœud double « cent »; un triple « mille »; deux triples ensemble « deux mille », etc. Non seulement la couleur, complexité et construction des nœuds, mais aussi la façon de tresser les fils et leur distance par rapport au nœud principal sont de grande importance pour comprendre le khipu.

Il est possible que ces nœuds au départ, aient été appliqués uniquement aux numérations, gagnant peu à peu en complexité jusqu'en arriver aux notions abstraites mais ceci n'est, à ce jour, qu'une présomption.

Chez les incas, cette technique se développa tant que les *khipukamayujkuna* ou spécialistes de khipus, arrivèrent à y registrer des relations historiques, des lois et décrets, etc. en laissant ainsi une source historique qui fut stupidement détruite par les Espagnols, à quelques exceptions près.[xiv]

Les registres des familles; de la population en contribuables, vieillards, handicapés, femmes et enfants; la liste des corps d'armée, soldats, officiers, armes; les stocks des dépôts publiques, blé, maïs, viande de lama, armes, chaussures, vêtements; les registres des naissances et décès, tout était « écrit » dans les khipus.

Cependant le khipukamayuj devait, pour pouvoir déchiffrer le khipu, connaître la nature de son contenu, ce qui était communiqué oralement. Ainsi, il y avait des registres des khipus militaires, des khipus des populations, etc.

Aujourd'hui la lecture des khipus demeure inconnue surtout à cause de ce renseignement verbal qu'on n'a pas et, en grande partie, à la rareté des exemplaires conservés. Ce sera seulement quelques chroniqueurs qui en auront profité, en consultant les khipukamayujkuna des derniers temps de l'empire, et leur lecture nous donne plutôt des renseignements d'ordre statistique et économique qu'autres.

Ce sont les chroniques et les khipus la « matière première » pour une étude des Inkas. Aujourd'hui la science moderne suit aussi d'autres chemins. L'existence de très nombreux restes et ruines de l'activité humaine, la persistance de modes de vie et d'institutions anciennes chez les indiens d'aujourd'hui, constituent un vaste camp d'opérations pour l'archéologie, l'ethnologie, la sociologie; entreprise énorme pour les chercheurs qui exige aussi bien des capacités intellectuelles que des possibilités financières et de la passion pour l'ancien Pérou.

CHAPITRE II : La dynastie inka

L'histoire des Inkas est confuse et plutôt supposée que connue et si bien…

> « *Les noms des hommes et la date exacte des faits nous est indifférent; la nature et l'ordre de ces faits et le développement des institutions c'est tout ce qui nous intéresse* »[xv]

…il faut, pour préciser les idées, avancer une généalogie des Inkas.

Le primitif peuple des Inkas, qui était probablement un groupe d'ayllus de la race quichua, migra entre les 11e. et 12e.siècle du plateau du lac Titicaca -entre la frontière des actuelles républiques du Pérou et de la Bolivie- vers la vallée de *Paqarijtampu*, d'où il passa s'établir dans la région de Cuzco et commença la lutte de survivance contre les voisines tribus de *Kollas*, *Chankas*, et autres tribus mineures.[xvi] Ces luttes fortifièrent le pouvoir central et lui permirent de déborder son cadre géographique initial.

En réalité, toute l'histoire des incas s'est développée en l'espace de quatre siècles: les 12e. et 13e.siècle, quand les souverains ne sont que des chefs ou sinchikuna d'une tribu ou confédération de tribus comme beaucoup d'autres; le 14e.siècle, de préparation, et le 15e. siècle ou celui de l'apogée.

C'est à dire que, en fait, la période de l'Etat et de l'impérialisme militaire inka n'a durée qu'environ deux cents ans, depuis le gouvernement de *Pachaktij* et jusqu'à *Ataj Wallpa*, le dernier souverain. A ce moment-là, l'empire s'étendait sur plus de 4.000 kilomètres de longueur: depuis le fleuve Ancasmayo, au nord de Quito, jusqu'au fleuve Maule, à 35 degrés au sud de la ligne équatoriale; à l'ouest, il était limité par l'océan Pacifique et arrêté par la jungle amazonienne à l'est, il allait jusqu'aux plaines du Tucuman de l'Argentine actuelle. La surface de ce territoire était égale à six fois celle de la France.

Lorsqu'on essaie de voir la dynastie inka, on se heurte avec un grand vide en ce qui concerne aux premiers. Les chroniqueurs du 16e.siècle ne nous donnent pas assez de repères: « *Les Sieurs qui vraisemblablement, d'après le souvenir qu'il y en a, ont été, sont* » écrit Santillán; « *Etant si confuse l'histoire des naturels de ces royaumes...* » se plaint-il Molina…Cristóbal Vaca de Castro qui, par mandat officiel fit interroger quatre khipukmayujkuna, eu le résultat suivant:

1er. Manku Qhapaj

2$^{e.}$ Sinchi Ruka

3ᵉ.	Lluq'e Yupanki
4ᵉ.	Maita Qhapaj
5ᵉ.	Qhapaj Yupanki
6ᵉ.	Ruka Inka
7ᵉ.	Yawar Waqaj
8ᵉ.	Wiraqocha
9ᵉ.	Yupanki Pachaktij
10ᵉ.	Tupaj Yupanki
11ᵉ.	Wayna Qhapaj (Inti Kusi Wallpaj)
12ᵉ.	Waskar (Tupaj Kusi Wallpaj)
13ᵉ.	Atauwallpaj

Les autres chroniqueurs qui abordent la question de la dynastie n'arrivent pas toujours aux mêmes conclusions, probablement à cause de la disparité des sources dont ils se servent. Quelques-uns coïncident avec la liste obtenue par Vaca de Castro, des autres s'y approchent à quelques variations orthographiques près; il y en a qui diffèrent plus ou moins et il y en a qui découvre une dynastie tout à fait différente.

Cristóbal de Molina, l'almagriste, nous donne la dynastie suivante:

1er	Wiraqocha
2e.	Tupaj Yupanki Inka
3e.	Wayna Qhapaj
4e.	Waskar
5e.	Atauwallpaj Inka

Et d'après Pedro Pizarro:

1er	Wiraqocha Inka
2e.	Tupaj Yupanki Pachakutij
3e.	Wayna Inka
4e.	Amaru Inka
5e.	Wayna Qhapaj
6e.	Waskar

| 7e. | Atauwallpaj |

Fernando de Santillán, de son coté:

1er	Pachakutij
2e.	Wiraqocha
3e.	Qhapaj Yupanki
4e.	Yupanki Inka
5e.	Tupaj Yupanki
6e.	Wayna Qhapaj
7e.	Waskar
8e.	Atauwallpaj

Cependant, Martin de Murúa coïncide avec Vaca de Castro, quoiqu'en y ajoutant un Inka :

1er.	Cuzco Huanca
2e.	Manku Qhapaj
3e.	Sinchi Ruka

4e.	Lluq'e Yupanki
5e.	Maita Qhapaj
6e.	Qhapaj Yupanki
7e.	Ruka Inka
8e.	Yawar Wakaj
9e	Wiraqocha
10e.	Yupanki Pachakutij
11e.	Tupaj Yupanki
12e	Wayna Qhapaj
13 e	Waskar
14 e	Atauwallpaj

Bartolomé de las Casas nous présente aussi une dynastie de quatorze souverains, mais en changeant quelques noms:

1er	Ayar Mango
2e.	Sinchi Ruka
3e.	Lluq'e Yupanki

4ᵉ.   Indimaythacapac

5ᵉ.   Qhapaj Yupanki

6ᵉ.   Ruka Inka

7ᵉ.   Yaguarguacacingayupanqui

8ᵉ.   Wiraqocha

9ᵉ.   Yupanki Pachakutij

10ᵉ.   Tupaj Yupanki

11ᵉ.   Inka Yupanki

12ᵉ-   Wayna Qhapaj

13ᵉ-   Waskar

14ᵉ.   Atauwallpaj

Et Juan de Betanzos nous donne la suivante liste:

1ᵉʳ.   Manku Qhapaj

2ᵉ.   Sinchi Ruka

3ᵉ.   Lluq'e Yupanki

4ᵉ.   Qhapaj Yupanki

5ᵉ.   Maita Qhapaj

6ᵉ.   Ruka Inka

7ᵉ.   Yawar Waqaj

8ᵉ.   Wiraqocha

9ᵉ.   Yupanqui Pachacuti Inga

10ᵉ.   Yamque Yupanqui

11ᵉ.   Tupaj Yupanki

12ᵉ.   Wayna Qhapaj

13ᵉ.   Atauwallpaj

Le chroniqueur métis Garcilaso de la Vega nous donne une liste de quatorze Inkas; c'est la "relation officielle", acceptée par la majorité des historiens et enseignée dans les écoles péruviennes d'aujourd'hui:

1ᵉʳ.   Manco Cápac

2ᵉ.   Sinchi Roca

3ᵉ.   Lloque Yupanqui

4ᵉ.   Mayta Cápac

5ᵉ.	Cápac Yupanqui
6ᵉ.	Inca Roca
7ᵉ.	Yâhuar Huaca
8ᵉ.	Huiracocha
9ᵉ.	Pachacútec
10ᵉ.	Amaru Inca Yupanqui
11ᵉ.	Túpac lnca Yupanqui
12ᵉ.	Huayna Cápac
13ᵉ.	Huáscar
14ᵉ.	Atahualpa

Quoiqu'il en soit, la période entre le premier Inka reconnu, Manku Qapaj -personnage mythique, mais dont l'existence parait certaine-, et le premier Inka "historique", Pachakutij, appartient à la phase préhistorique de la vie de l'empire, dans la mesure où il nous est impossible et même vain de vouloir la préciser.

Ainsi, de toute la généalogie inka on doit retenir trois moments capitaux:

1. Manku Qhapaj et la fondation de l'empire (12e. siècle?)

2. Pachakutij et la construction de l'empire (15e. siècle)
3. Ataujwallpaj et la fin de l'empire (1532)

CHAPITRE III : L'État inka

Une controverse a provoqué beaucoup des remous : l'État inka a-t-il vraiment existé?

L'abondante, quoique désordonné, information laissée par les chroniqueurs nous induit à reconnaître l'existence d'un État, chez les Inkas, dans la plus pure acception du terme. Déjà, des historiens du 18e. siècle comme William Robertson, du 19e.siècle comme William Prescott et des nombreux spécialistes modernes comme Louis Baudin, L. Capitan, Raoul d'Harcourt, Rafael Karsten, Hildebrando Castro Pozo, Luis Valcárcel, Luis Guillermo Lumbreras, Jesús Lara, en ont jugé ainsi. Mais, ce critérium a aussi de contestataires, dont le réputé sociologue allemand Heinrich Cunow. Ceci nous oblige à examiner la période pré-inka, pour établir si la venue des Inkas signifia l'apparition d'une nouvelle forme d'organisation politique ou non.

1. La période pré-inka

La majorité des chroniqueurs soutient la thèse d'après laquelle les Inkas auraient trouvé le peuple andin loin des conquêtes culturelles les plus élémentaires; ce serait eux qui auraient créé l'Etat Inka.

Mais Cunow refuse ce témoignage. D'après lui, il y avait, avant les Inkas, des peuples de 50.000 et 60.000 habitants qui, vivaient organisés en communautés; qui avaient un haut niveau culturel; et qui étaient gouvernés par des rois appelés sinchis.

Il identifie l' « *ayllu* » -famille, lignage- andin à la primitive gens européenne, pour ensuite créer une valeur apparente pour le mot *marka*, existent en quichua et aymara, qui signifie village, hameau. Il trouve qu'en l'Allemagne ancienne exista un type de communauté agraire-gens, qui s'appelait mark. Dans ce mark germain, chaque famille recevait une parcelle de terre en propriété privée dont l'extension dépendait du nombre de ses membres. Les familles s'établissaient presque toujours dans leurs propriétés. Le labourage était fait collectivement au départ, système qui fut ensuite substitué par le travail individuel et la distribution périodique des terres. Il soutient que la marka andine, se correspondant exactement au mark germain, était aussi une organisation agraire-gens, aux caractéristiques et finalité similaires. Il conteste l'opinion de tous ceux qui ont interprété ce mot comme signifiant village, hameau, contré, province, et affirme qu'avec ce nom on connaissait les terres de la communauté. Il essaie de soutenir son point de vue en s'appuyant sur quelques noms toponymiques, -Chuncomarca, Yanamarca, Cajamarca, etc.- en donnant une discutable traduction, due à sa méconnaissance des langues indigènes, pour affirmer finalement que le terme marka est toujours lié aux noms d'ayllus ou des animaux totémiques.

En réalité, ceci est plutôt rare et nous trouvons marka comme partie intégrante des mots composés qui décrivent les caractéristiques physiques d'un endroit.[xvii]

Plus loin il nous dit qu'avant les Inkas le peuple était

> « une juxtaposition, irrégulière de beaucoup de tribus indépendantes, engagées dans une lutte permanente, se divisant, formant des alliances territoriales, et toutes liées par des liens de parenté »

situation celle-ci, qui ne changea guère à l'arrivée des Inkas.

Nous verrons que si bien Cunow ne se trompe pas en ce qui concerne au haut niveau de développement des ayllus pré-incas, il ignore le fait que les Inkas créèrent une nouvelle forme d'organisation politique.[xviii]

Le sociologue Bolivien Bautista Saavedra, en étudiant le peuple aymara examine le développement de l'ayllu. Pour lui, l'ayllu fut »la gens primitive des populations du centre du continent sud-américain » et son âge remonte à la période mégalithique. C'était un groupement â caractère religieux, avec un culte des ancêtres dont la preuve est fournie par l'existence de monuments funéraires contenant des offrandes diverses, bijoux, mets, etc.

L'ayllu commença à s'étendre peu à peu, à donner naissance à d'autres ayllus et adopter des formes d'association plus larges au niveau social et économique. Allié aux nouveaux ayllus et par la suite d'un développement progressif, il devint « un clan agricole et une communauté de village ou marka ». Puis, ce clan andin assuma toutes les caractéristiques d'une organisation tribale agricole, à l'intérieur de laquelle l'ayllu perdit de l'importance tout en subsistant en tant que lignage et en maintenant son ancienne constitution consanguine.

En centrant ses observations sur les agroupements sociaux de la région du Titicaca, Saavedra soutient que le peuple aymara, à l'époque pré-inka, vivait « *dans un régime civilisé de paix et culture avancée de la terra* »; et, comme preuve de sa constitution sociale éminemment agraire il nous donne une liste de plus de cinquante mots aymaras servant à désigner les détails les plus menus de l'activité agricole.

Il admet qu'à cette même époque, les habitants du territoire andin s'organisèrent en États libres aux régimes politiques, sociaux et économiques plus ou moins avancés, pour tomber ensuite dans une décadence de laquelle surgit le primitif peuple inka.

Le Péruvien Castro Pozo[xix] nous dessine un cadre semblable de l'ayllu pré-inka.

Il décrit l'extraordinaire richesse en poissons de la côte; et en végétaux des vallées côtières et andines, pour soutenir que les primitives hordes collectrices, attirées par l'abondance, devinrent très vite sédentaires. L'organisation du travail et les premières démarcations des zones de chasse, pêche et collection, commencèrent, de même que la construction de demeures dans des endroits appropriés; le provisoirement de quelques animaux dans la région andine, l'organisation de la pêche sur la côte. Les coutumes furent modifiées et les premières institutions économico-sociales établies, en donnant ainsi naissance à la forme primitive de l'ayllu.

L'habitat en commun fut généralisé et l'évidente prédominance de rôle de la femme donna son essor au labourage de la terre. Les rapports sexuels avaient encore un caractère endogamique et les enfants ne connaissaient que leurs mères, d'où que la parenté pouvait être établie seulement par la ligne maternelle. Les demeures, les outils et les provisions constituaient la propriété collective du groupe. C'était la phase du matriarcat.

Dans ce processus de développement, les ayllus consanguins commencèrent à s'allier pour leurs fréquents conflits en échangeant des femmes, système exogamique qu'on trouve souvent en Amérique qui était, comme Engels disait, la « terre classique » de ce type de famille.

Le travail était fait collectivement, modalité qui, d'après Castro Pozo, « *origine l'institution appelée 'chunka' qui était l'ensemble de personnes chargées de labourer les terres de l'ayllu* ». Quoique le mot « chunka » signifie dix en langue quichua, nous nous inclinons à croire qu'à l'époque pré-inka il désignait n'importe quel nombre de laboureurs, en opposition à l'opinion de Jesús Lara, qui insinue que l'organisation décimale existait déjà à ce moment-là.

Avec l'instauration de la « chunka », Castro Pozo décrit un essor formidable de l'ayllu. Les hommes se préparent pour la défense de la « marka » et pour l'expansion au détriment de celles des voisins. La minka, travail collectif au temps de l'économie collectrice, n'est plus qu'une sorte de volontariat bénévole; à sa place, on a institué la mita, où les chunkas, à tour de rôle, doivent travailler obligatoirement les terres de l'ayllu. Ceci augmente la production de la marka et amène à perfectionner le système d' « *andenes* »[xx] et d'aqueducs.

L'autorité suprême de l'ayllu était exercée par un conseil d'anciens qui déléguaient leurs fonctions à un sinchi ou chef guerrier; en temps de guerre, le même qui cautionnait leur pouvoir en temps de paix.

Le développement croissant de l'agriculture et de l'élevage et l'importance de la participation au travail de l'homme, mirent à celui-ci dans une position prépondérante par rapport à la femme. La prédominance du mâle eut comme conséquences plusieurs changements dans la vie de l'ayllu, dont un des principaux fut l'adoption de la filiation paternelle, c'est à dire la reconnaissance de la parenté par la ligne du père. Tous les descendants du mâle demeuraient membres de l'ayllu, tandis que ceux de la femme devaient renoncer à l'ayllu de la mère pour passer à celui du père.

Avec la suprématie de l'homme apparut une forme propre de famille patriarcale, différente à celles du Vieux Monde. L'homme exerçait autorité sur la femme et les enfants et, dans le cas des dignitaires, sur un nombre restreint de concubines; mais il n'y avait pas d'esclaves: les chroniqueurs Castro y Ortega Morejón, Joseph de Arriaga et Francisco de Avila mentionnèrent des chefs puissants qui habitaient dans de palaces et qui avaient un certain nombre de serviteurs, mais point d'esclaves. Comme Engels concluait, l'homme vaincu à la guerre, loin d'être asservi, était admis comme membre de la tribu, avec les mêmes droits et obligations que les autres.

Or, ce serait de ce vaste ensemble de tribus constituant déjà des petits Etats, que surgirait pour s'élever, en les conquérant, le peuple inka.

2. La période inka

Pendant la période primitive du Cuzco, les groupes plus anciens de la région et qui étaient venus du plateau du lac Titicaca, semblent s'être régis par un gouvernement du type collectif d'après les informations des chroniques. Si bien ces documents -comme les « Informations » du vice-roi Toledo et l' »Anónimo de Yucay » de 1571, par exemple - prétendent « justifier » l'invasion espagnole en tirant argument de la tyrannie des Inkas et la justice des formes de gouvernements antérieures à eux, et quoique ceci peut mener à une idéalisation de la période antérieure au Tawantinsuyo; ce sont ces chroniques qui exposent le plus clairement ce type de gouvernement antérieur aux Inkas; où le pouvoir du conseil d'anciens apparaît garanti par des sinchis ou chef de guerriers; desquels dériva postérieurement l'autorité du futur Tawantinsuyu. Les sinchis étaient respectées comme autorités militaires; les chroniques les appellent «capitaines» et les identifient souvent à ceux qui commandaient la résistance armée des groupes soumis par le Cuzco.

Le gouvernement civil primitif de ces groupes qui formeraient ensuite le noyau inka, était dans les mains d'un conseil d'anciens représentants des groupes de parenté. Les anciens s'identifient aves le gouvernement traditionnel -et non pas seulement dans la région andine- car les hommes d'âge mûr conformèrent toujours un secteur privilégié, sage et expérimenté, ce qui est démontré par la fréquente existence des conseils d'anciens qui agissent comme autorité suprême du groupe ou comme assesseurs des chefs en époques postérieures. C'est pour cela que trouver des informations sur cet aspect de la direction collective des ayllus n'est pas surprenant. L'importance de cette élite, qui constituait aussi une couche sacerdotale, dans l'organisation du Tawantinsuyu est évidente.

Ce fut autour de ces groupes d'anciens qui rassemblaient et le pouvoir civil et le pouvoir religieux, et des sinchis que ces mêmes anciens désignaient, que la future chaste gouvernante du Cuzco va se développer.

Tandis que les anciens dirigeants organisèrent leur pouvoir sur la base du prestige religieux et d'une certaine sapience de groupe, les *sinchis* firent apparaître une chaste puissante basée sur un prestige militaire qui ne méprisait pas un soutien religieux approprié. Les anciens représentaient une tradition de prudence et sagesse qui, en l'époque de l'empire se situera dans les mains du jamauta; celui-ci a été traditionnellement considéré seulement comme l'éducateur, le professeur, de l'élite, mais en réalité il ne répond pas seulement à une fonction pédagogique sinon que conforme une élite intellectuelle-sacerdotale conservatrice de la tradition de sagesse que les primitifs anciens représentaient. En outre, le jamauta occupait des places administratives qu'à l'époque d'apogée lui permirent d'agir comme législateur et interprète des normes légales de l'Etat.[xxi]

Par son intermédiaire, la vieille élite religieuse maintint un contrôle réel sur l'éducation des dirigeants de l'Etat et dans la formation et développement de la législation, en plus du prestige religieux, irremplaçable dans une société archaïque, qui dirigeait tout le travail du jamauta. Celui-ci conforme, en tout cas, une véritable élite sacerdotale qui dirige l'important changement qui advient dans le monde religieux à l'époque de l'Inka Pachakutij,

Nous trouvons, d'un autre côté, un antagonisme permanent entre les groupes militaires et religieux du Cuzco. Pendant que le primitif gouvernement de la ville sacrée fut dans les mains du groupe sacerdotal, les sinchis demeurèrent subordonnés à ce pouvoir.

Cependant, le conflit posé entre incas et chapkas, habitants de la région d'Ayacucho, donnera au secteur militaire de l'élite l'occasion et le prétexte nécessaires pour prendre le pouvoir.

C'est à ce moment que surgie la figure de Pachakutij pour donner forme à l'empire, en inaugurant la période des conquêtes militaires et en donnant une nouvelle organisation politique à l'empire.

Dorénavant, ce sera l'Etat Inka qui vaincra militairement aux autres petits Etats andins pour les assimiler ensuite, se fortifiant dans cette lutte et y perfectionnant sa machine politique.

3. L'apogée avec Pachakutij

Quoiqu'on ait beaucoup discuté l'existence de Pachakutij comme personne individuelle, la spéciale diffusion du personnage dans des différentes traditions recueillies par les chroniqueurs nous montre qu'il symbolisait dans la mémoire orale une période spécialement importante. D'un autre côté, il n'est pas seulement un "personnage" clairement identifié avec la période du début de l'expansion inka et d'organisation qu'il symbolise, mais aussi une figure-archétype répétée par les Inkas postérieures.

Lorsque les anciens qui dirigeaient le Cuzco ne purent résister la violence du conflit avec les chankas, ils décidèrent d'élire un sinchi et, vraisemblablement, les conditions imposées par les chefs militaires furent si importantes que Pachakutij reçut un pouvoir extraordinaire. Une fois la victoire acquise, il obtint des concessions qui marquèrent le début de l'époque de prédominance de l'élite militaire dans la zone du Cuzco et des grandes expéditions de conquête qui se dirigèrent vers les régions proches du Cuzco, comme le Qollao - dans l'actuelle république de la Bolivie- et qui montèrent ensuite par les Andes jusqu'à Cajamarca -au nord de l'actuel Pérou- avec lui, et jusqu'à Quito et Pasto –en Equateur et Colombie actuels- avec Tupaj Yupanki et Wayna Qhapaj.

Pachakultij acheva l'unification de l'empire en y rendant obligatoire l'usage exclusif de la langue quichua; consacra l'organisation quadripartite de l'empire et, aussi, la division de la capitale, Cuzco, en quatre quartiers dont l'orientation correspondait aux quatre provinces dépendant respectivement de chacun d'eux.

Donc, c'est bien pendant son gouvernement que l'organisation de l'Etat devint patente et que d'importantes réformes, aussi bien politiques et administratives que religieuses et militaires, furent réalisées et conformèrent le Tawantinsuyu trouvé par les Espagnols au 16e.siècle.

Baudin résumait ainsi son œuvre :

- ∞ Dans le domaine agraire il fit délimiter les territoires.
- ∞ Un recensement de la population.
- ∞ Construction de canaux et terrasses « andenes' »- dans une politique d'habilitation de terres.
- ∞ Elaboration des plans des provinces et villes.
- ∞ Règlement du travail obligatoire.
- ∞ Règlement de la préparation militaire, réforme d'armée.
- ∞ Règlement sur les vêtements des jatunrunas: quantité, qualité, formes, et construction des dépôts publics.
- ∞ Le mariage obligatoire.

- Création de l'ordre des « orejones ».
- Le calendrier, édification des temples.
- Reconstruction du Cuzco.
- Grandes campagnes militaires qui marquèrent une importante expansion territoriale.
- Usage exclusif de la langue quichua.
- Règlement du commerce.
- Fondation des villes.
- Lois somptuaires.

CHAPITRE IV : L'organisation politico-social

« Jamais aucune grande civilisation de l'antiquité n'a eu à sa disposition de moyens aussi réduits. Déserts d'herbes, de rochers ou de sable, manque d'eau sur la côte, manque de chaleur sur le plateau, rareté des animaux, tout contraignait à une lutte perpétuelle l'homme qui voulait vivre et grandir. Seules la conquête à l'extérieur et une organisation interne ne laissant aucune place au gaspillage pouvaient permettre à un peuple de subsister dans ces conditions ». L.BAUDIN

Nous avons déjà vu que si bien les groupes des anciens et les groupes des sinchis étaient antagoniques, ils avaient aussi des rapports d'interdépendance pour le maintien du pouvoir; chez les Inkas, les deux rôles, celui du domaine politique et concret et celui du domaine religieux et divin, se conjuguaient dans la personne du chef suprême: l'Inka.

Cependant, disons que la si répandue opinion selon laquelle l'Inka était un monarque autocrate, répond probablement à l'influence du modèle commun du prince européen du 16e. siècle. L'influence de l'élite inka s'est clairement manifestée dans le cas de la chute d'Amaru Inka Yupanki et son remplacement par Tupaj Yupanki[xxii].

Il est, cependant, hors de doute que, malgré la prédominance de l'élite militaire, la chaste religieuse maintint une forte influence sur le contrôle de la machine politique. Les jamautakuna se chargèrent de surveiller la vie spirituelle du nouvel Etat et de formuler et interpréter les lois et au même temps ils avaient des possibilités de contrôler les nouveaux dirigeants qui prenaient le pouvoir, car ils conservaient la tradition de diriger l'initiation des hommes appartenant aux générations nouvelles de l'élite et, finalement -comme avant de la guerre contre les chankas, les anciens élisaient le sinchi, les jamautakuna intervenaient à l'élection des nouveaux Inkas.

Ainsi, l'indien Waman Puma vient renforcer notre point de vue en nous donnant la composition de ce conseil d'anciens qui était composé par des représentants des deux zones de la ville de Cuzco et des quatre provinces de l'empire. D'après ce chroniqueur, ils s'appelaient *Tawantinsuyu kamachikuj qhapaj apukuna* (puissants sieurs gouverneurs du Tawantinsuyu) et étaient 16:

2 du Janan Cuzco

2 de l'Urin Cuzco

4 du Chinchaysuyu

4 du Qollasuyu

2 de l'Antisuyu

2 du Kuntisuyu

L'existence d'un contrôle religieux de l'activité politique est indubitable, car chez les Inkas la religion fut aussi un moyen de domination de l'Etat. La masse était fortement impressionnée par le caractère divin de l'Inka -fils du Soleil- et de l'élite; pour le hatunruna ou homme du peuple, l'Inka était de facto un être divin, fils de la divinité solaire et son égal, situé au-dessus de tout.[xxiii]

Pour les groupes dirigeants, l'Inka a un prestige divin incontestable mais son pouvoir c'est, d'une certaine façon, celui de l'élite; et si bien il était pour le peuple le symbole du bien, il n'était pas au-dessus de toute morale aux yeux des groupes élitaires.

C'est cela ce qui fut possible que l'Inka eût pu devenir un instrument de l'élite ou d'un secteur d'elle, étant donné que les fréquentes expansions vers la zone chanka d'abord et vers le Qollao et Chinchaysuyu ensuite, firent possible la croissance décisive du secteur militaire. Il n'est pas difficile de penser que ceux qui aidèrent à Pachakutij pour vaincre les Chankas eussent demandé sous la forme de "droits" politiques une compensation de l'aide apportée.[xxiv] Ce fut l'occasion pour l'apparition et développement des armées organisées qui seraient ensuite l'instrument principal de la grande expansion inka, clairement reconnaissable à partir de la victoire sur les chankas.

1. Les classes sociales

Comme ils n'approfondissent pas dans les questions sociales, les chroniqueurs ne tiennent pas compte de l'importance d'une classification de la société inka. Le seul essai méthodique correspond au jésuite équatorien Juan de Velasco qui écrivit son "Historia du royaume de Quito en la América meridional' vers la fin du 18e. siècle. Il nous présente toute une échelle des couches sociales, corporatives et bureaucratiques. Le premier échelon est occupé par la plèbe ou bas peuple; le deuxième, par les artisans, fondeurs, argenteurs, lapidaires, tisseurs, architectes, tailleurs de pierres, etc. ; le troisième, par les « orejones », « individus prééminents »; le quatrième, par les *kurakakuna* ou anciens chefs des peuples conquis par les incas; et finalement, le cinquième, par la chaste solaire, conformée par la nombreuse descendance des souverains.

Cette classification, qui correspondait à la mentalité et conceptions de l'époque dans laquelle elle fut écrite, n'est plus admissible aujourd'hui. Nous ne devons pas oublier que les artisans -argentiers, tisseurs, etc.- étaient fondamentalement des agriculteurs; ils vivaient du rendement de leurs parcelles et labouraient la terre comme les *jatunrunas* de la "plèbe"; leur spécialités étaient pratiquées seulement dans les jours libres et pour accomplir leur prestations à l'Etat. D'un autre côte, il n'y avait point d'individu de la « plèbe » qui ne fût aussi artisan, puisqu'ils devaient confectionner leurs chaussures, leurs outils, leurs armes, etc. Egalement, s'il y avait des différences entre les troisième et quatrième échelons, elles étaient simplement d'ordre hiérarchique.

Les autres chroniqueurs, quoiqu'ils ne s'occupent pas explicitement de la question, comme Velasco, nous permettent d'arriver à une composition sociale moins complexe mais aux intégrants plus définis et homogènes La première classe est celle conformée par les élites politico-religieuses au pouvoir, la deuxième par la majorité de jatunrunas ou hommes du peuple et la troisième par les yanakunas ou serviteurs.

2. La classe dominante

Au sommet de la hiérarchisée société inka se trouvait le chef suprême: l'Inka.

Son autorité était contrôlée par les groupes d'élite mais, vis à vis des autres classes de l'empire, elle était illimitée. Il était maître et de la vie et des biens de ses vassaux et considéré comme juge suprême de tout ce qui existait. « *Même les oiseaux suspendraient leur vol si je le voulais* », disait aux Espagnols le dernier des Inkas, Ataujwallpa.

Son pouvoir était plutôt théocratique qu'autocratique, mais comme « fils du Soleil » il était l'objet d'une obéissance aveugle de la part du jatunruna. Sa nature divine faisait qu'il n'était pas seulement obéi en tant que monarque et pontife, mais respecté en tant que dieu; sa personne était sainte, sa dépouille relique sacrée et sa mémoire religieusement vénérée.

Nombreuses étaient les manifestations extérieures de cette révérence: les premiers dignitaires de l'empire ne pouvaient se présenter chaussés devant lui et les dignitaires mineures devaient, en plus, porter un fardeau sur la tête en signal de soumission. Il avait aussi des signes extérieurs de sa majesté, parmi lesquels on distingue la coupure des cheveux, le llautu ou sorte de houppe et, surtout, les oreilles percées. Le fait de se couper les cheveux et percer les oreilles pour y mettre des ornements variés-ce qui agrandissait démesurément les lobes des oreilles[xxv]- expliquent le surnom que les Espagnols donnèrent aux Inkas: « *orejones* » (« ceux qui ont les oreilles grandes »).

L'Inka était nommé « *Qhapaj Inka* » ce qui signifie grand, unique, roi ou empereur;

"*Huacchacuyac*" qui veut dire protecteur et bienfaiteur des humbles.[xxvi]

Il avait des très nombreuses concubines - Wayna Qhapaj en aurait eu presque 700- mais une seule épouse légitime, sa sœur, la *Coya*. Celle était connue aussi comme *Mamanchic*, « notre mère », équivalent du Huacchacuyac de son époux.

Les membres de la noblesse avaient, eux aussi, le droit de s'appeler génériquement Inka au si bien que le droit de se couper les cheveux et percer ses oreilles.

Cependant les appellatifs se diversifiaient sous celui de l'Inka, en ce qui concerne à ces dernièrs. Tous les enfants mâles s'appelaient *Auqui* jusqu'au moment du mariage lorsqu'ils prenaient celui d'*Inka*, et les filles s'appelaient *Ñusta* jusqu'au mariage quand elles devenaient *Pallas*. Ce caractère divin d'appartenance au sang divin n'était communiqué que par la ligne paternelle. Le nom de *Mamacuna* ou *Shipa* Coya était réservée aux concubines provenant du peuple, qui à leur vieillesse passaient au service des *Ajllawasi* (maisons de vierges vouées à la chasteté et chargées du culte du Soleil).

La noblesse était successible à tous ses niveaux. Tous les enfants en recevaient l'héritage mais, ici aussi, elle était déterminée par la ligne paternelle. Les filles bâtardes des empereurs qui étaient exceptionnellement concédées en épouses ou concubines aux nobles kurakakuna, perdaient leur dignité inka et ne pouvaient donc pas la transmettre à leurs enfants. La femme noble de privilège, mariée à un vassal commun, perdait de même sa noblesse et ses enfants devenaient des simples jatunrunas.

Chaque secteur de la noblesse était parfaitement délimité et ne se mélangeait pas aux autres. Nonobstant, ils présentaient un ensemble coordonné et cohérent qui assumait toutes les responsabilités et fonctions du gouvernement.

La classe dominante s'octroyait beaucoup d'appréciables privilèges. Les dignitaires et chefs militaires pouvaient recevoir un certain nombre de serviteurs selon les services rendus à l'Etat; pour chaque serviteur, ils recevaient en plus une parcelle de terre, de telle manière que le maintien de ce personnel n'affectait pas l'économie des maîtres.

Les hommes de la classe dominante étaient exempts du labourage de leurs terres, tâche qui était accompli obligatoirement par les vassaux communs. Comme une exception d'ordre religieux, cependant, c'étaient eux qui labouraient les terres du Soleil, au Cuzco. Mais, ils étaient également exempts de tout tribut: ils ne faisaient des prestations ni dans les travaux publics, ni dans les ateliers de tissage, ni dans les chantiers, ni dans les fonderies, moins encore dans les mines.

Les hommes de la noblesse avaient le droit presque exclusif d'avoir des concubines, dont le nombre pouvait atteindre cinquante femmes, chacune avec sa correspondante parcelle de terre.

L'éducation était réservée à l'élite car ceux qui devaient obéir n'avaient pas besoin de se cultiver. Les jeunes de la noblesse fréquentaient les *yachaywasi* ou maisons du savoir du Cuzco et des villes importantes. Il importe de souligner que les enfants des chefs des régions récemment conquises devaient obligatoirement aller étudier à la capitale où ils demeuraient plusieurs années pour finir pour s'intégrer à la société inka en abandonnant leurs anciens sentiments « nationaux ».

Garcilaso nous dit que les jeunes devaient aller dans les yachaywasi pour qu'ils…

> *« obtinssent le don de gouverner et devinssent plus urbains et fussent de la majeure habilité dans l'art militaire; pour connaître les temps et les ans et savoir l'histoire par les nœuds et savoir la raconter; pour qu'ils sussent déclamer élégamment et sussent élever leurs enfants, tenir leurs maisons. On les enseignait la poésie, la musique, la philosophie et l'astrologie; le peu que dans chaque science, ils connurent ».*

De son côté, Martin de Morúa, dans son "Historia del origen y genealogía real de los Reyes

Inkas del Perú, de sus hechos, costumbres, trajes y manera de gobierno", nous dit qu'ils étudiaient quatre ans:

1e. Langue

2e. Religion et rites

3e. Maniement des Khipus

4e. Histoire

Il est peu probable que l'enseignement ait été si rigidement séparé, si l'on tient compte de ce que les yachaywasi étaient les centres où toutes les connaissances incas se concentraient, nous pouvons conclure qu'on y étudiait les sciences profanes et les sciences religieuses au même temps: les mathématiques, l'astronomie, la statistique, 1a théologie, l'histoire, la politique, la poésie, la musique, la chirurgie et la médicine.

L'examen final, appelé *waraku*, avait un caractère nettement militaire -nous en parlerons plus loin -et seulement ceux qui y réessaient pouvaient accéder aux insignes extérieures de noblesse –l'Inka lui-même leur perçait les oreilles-, pouvaient être considérés comme des futures chefs politiques et/ou militaires; et participer de cet orgueil de chaste, esprit chevaleresque, amour filial, humanité vis à vis du vaincu, magnanimité royal, qui étaient la touche caractéristique des nobles incas.

C'est donc par cette voie que les hommes de la noblesse constituaient le corps politique de l'empire. Les plus hautes dignités et les fonctions des plus de responsabilité étaient occupés par les plus proches et dévoués familiers de l'Inka. Les autres fonctions étaient distribuées en gardant un ordre hiérarchique scrupuleusement établi. Grand soin était fait da maintenir les kurakuna pacifiquement soumis à la tête de leurs provinces. Ici il faut retenir un aspect important de la politique inka, c'est-à-dire le respect des institutions établies : à côté des règles dictées par l'Inka subsistaient les coutumes locales. À la tête des provinces pacifiquement annexées demeuraient les chefs traditionnels. Il n'y avait de modification complète des mœurs du vaincu mais superposition des lois et croyances incas avec beaucoup de prudence et de modération en laissant le temps faire son œuvre; ceci était facilité par l'homogénéité de culture de tous les peuples andins, résultat de leur identité d'origine, leur commun substratum ethnique.

D'une manière similaire étaient distribués les commandements de l'armée, on en donnant participation, là aussi, aux chefs des vaincus.

Conséquence de la coexistence d'un secteur de sages jamautakuna et d'un autre de sinchis guerriers, il y avait une hiérarchie religieuse soigneusement séparée de la hiérarchie militaire, mais les deux se confondaient dans la personne de l'Inka.

Dans le secteur privilégié nous pouvons inclure aussi les « vierges du Soleil » ou « *ajllas* » (choisies) appartenant au secteur religieux.

3. Le peuple

La deuxième classe sociale était constituée par l'immense majorité du peuple. Le vassal de cette classe était connu sous le nom de *jatunruna* qui veut dire homme adulte, pondéré, raisonnable[xxvii]. Sa subsistance était assurée et garantie par l'Etat. Les chroniques nous disent qu'il ne manquait ni de logement ni des vêtements et qu'il ne connaissait ni la faim ni la misère, puisqu'il avait toujours la possibilité de s'approvisionner dans les dépôts publics en cas de manque. L'intégrité de la famille, l'ordre public et la liberté individuelle étaient soumis à un contrôle sévère qui ne laissait point de place à la possibilité d'une désorganisation ou dérèglement. La classe du jatunruna n'était pas asservie quoique le fait que sen droits étaient incomparablement différents des ceux de l'élite et le fait qu'elle constituait la seule classe productrice nous mènent à penser qu'elle était la classe exploitée dans la société inka. Le jatunruna n'était occupé que par exception dans des activités serviles mais il ne pouvait pas avoir des serviteurs. Sur lui pesait tout le labourage de la terre: les terres de l'Etat, du culte et les siennes. Il devait pourvoir toutes les prestations dans les travaux publics, fonderies, chantiers, etc.; il avait droit à une concubine mais il s'agissait là d'une possibilité si lointaine que les chroniqueurs, exception faite de Waman Puma, ne la mentionnent même pas.

Le jatunruna n'avait pas accès à l'éducation qui demeurait privilège exclusif de la noblesse et Blas Valera nous éclaire assez bien la conception que de l'éducation avaient les Inkas, lorsqu'il nous dit:

> *« Il convenait que les fils des gens du commun n'apprissent pas les sciences, qui appartenaient seulement aux nobles, pour qu'ils ne s'enorgueillissent pas et amoindrissent pas la république. Que l'on leur enseignât les métiers de leurs parents : c'était suffisant ».*

La population de jatunruna était l'objet d'une statistique complète et minutieuse dans tout l'empire. Des statisticiens appelés juch'akhipujkuna, enregistraient dans les khipus les naissances et décès de chaque hameau et village, et chaque année ils envoyaient ces informations aux têtes de province, d'où elles passaient à la tête de région et, finalement, au Cuzco.

Dans cette statistique la population était rigoureusement classifiée d'après le sexe et l'âge. Ces groupes étaient probablement:[xxviii]

Hommes:

- *Auqakamayujkuna*, « guerriers », entre 25 et 50 ans ; ils étaient les seuls tributaires de l'empire.
- *Chaupirukhu*, « presque vieux », 50-60 ans; ils devaient aider dans les tâches secondaires du labourage.
- *Purijmachu*, « vieux qui marche », 60-70 ans; ils devaient aider dans les tâches ménagères.
- *Punujrukhu* ou *rujt'umaehu*, « vieux dormeur", "vieux sourd"), 80 ans et plus: exempts de toute obligation.
- *Unqojruna*, « homme malade »; c'étaient les handicapés de toute sorte qui devaient travailler dans la mesure de leurs possibilités.
- *Imawayna* ou *sayapayaj*, « jeune », « auxiliaire », de 18 à 25 ans, qui aidaient dans le labourage, ou comme bergers, des fois comme auxiliaires militaires.
- *Kukapalla* ou *majtakuna*, « collecteur de coca », « garçonnet », 12-18 ans ; qui aidaient aux bergers et recueillaient des fruits.
- *Tujllakuj wamrakuna*, « garçons chasseurs », 9-12 ans ; ils chassaient des petits oiseaux dont on utilisait le plumage.
- *Pujllakujwamrakuna*, « enfants joueurs" », 5-9 ans.
- *Llullu wamra*, « enfant tendre », 1-5 ans.

- ∞ *Kiraupikaj*, « celui qui demeure dans le berceau, moins d'un an.

Femmes :

- ∞ *Warmi*, épouses et veuves des tributaires; elles travaillaient à la maison et aidaient dans le labourage.
- ∞ *Payakuna*, « vieilles », 50-80 ; tisseuses.
- ∞ *Punujpayakuna*, « vieilles dormeuses », plus de 80 ans.
- ∞ *Unqojk'umukuna*, « malades accablées » ; les femmes handicapées.
- ∞ *Sipaskuna*, « filles mariables », filles célibataires ; elles allaient dans les ajllawasis ou elles devenaient les concubines de l'Inka ou des hauts fonctionnaires; autrement, elles se mariaient ou devenaient des wachuj; panparuna, aricha, c'est-à-dire des prostituées.[xxix]
- ∞ *Qhorutaskikuna*, « jeunes filles nubiles », 12-18 ans ; elles aidaient au travail ménagère.
- ∞ *Phawaypallaj*, « filles agiles », 9-12 ans ; elles recueillaient des fleurs dont on extrayait des colorants.
- ∞ *Pujllajwarmi wamra*, « enfant joueur », 5-9 ans.

Or, sur la base de cette classification on en faisait une autre. C'était l'organisation décimale de la

« population économiquement active » ou, plutôt, de la population tributairement active, c'est-à-dire de tous les hommes valides entre 25 et 50 ans. Déjà de Ribero et de Tschudi nous disent que chaque suyu ou région du Tawantinsuyu ou « Quatre régions » était divisé en *« plus ou moins de départements, non pas d'après leur extension territoriale mais selon le nombre de leurs habitants »*, ce qui nous mené à inférer, avec Baudin, que l'exactitude de la statistique exigeait des déplacements pour pouvoir demeurer telle qu'elle était : rigidement précise dans la décimalité.

Cette classification était la suivante:

- ❖ *Chunka*, « dix », groupement de dix *auqamayujkuna*, sous le contrôle d'un *chunkakamayuj* (« *kamayuj* » = « celui qui est chargé »), élu parmi eux.
- ❖ *Phishqachunka*, « cinq fois dix », cinq chunkas sous le contrôle d'un *phishqachunkakamayuj*, élu parmi les cinq chunkakamayujkuna.
- ❖ *Pachaj*, « cent », deux phishqachunkas sous le contrôle d'un *pachajkamayuj*, élu entre les deux phishqachunka- kamayujkuna.
- ❖ *Waranqa*, « mille », dix pachajs sous le contrôle d'un *waminqa*, kuraka traditionnel ou bien ou bien d'un « orejón » envoyé de la capitale.
- ❖ *Le* groupement de dix waranqas, sous le contrôle du kuraka traditionnel ou d'un

« orejón » envoyé du Cuzco, s'il s'agissait d'une population indocile.

Le contrôle ou recensement permanent de la population permettait donc aux groupes de pouvoir de la capitale de disposer des masses régionales comme un joueur d'échecs dispose de ses pièces sur l'échiquier, ce qui est clairement montré par l'institution des mitmajkuna.

4. Les mitmajkuna

Les *mitmajkuna*, « hommes envoyés ailleurs », « transplantés », étaient des individus transplantés d'une province dans une autre dans un but économique et/ou politique. Il s'agissait d'une institution qui contribuait grandement à la stabilité de l'empire en affermissant l'ordre et la paix en certaines provinces et, de même, en intensifiant l'exploitation des vallées ou territoires fertiles mais peu peuplés.

Les mitmajkuna sont conçus de manière uniforme par les chroniqueurs. Cependant, il y en a un, López de Gómara, qui les définie erronément. Cet auteur les considère comme des esclaves à l'européenne ou les confond avec les yanakunas. « *Aussi, (Wayna Qhapaj) laissa des nombreux nommés mitimaes qui sont comme d'esclaves, d'après la manière comme*

Guaynacapa les possédait ». Cette erreur fut découverte et corrigée par Pedro Cieza de León dans la deuxième partie de sa « Crónica del Perú ».

Cette institution fut créé par Pachakutij, quoique les indiens, d'après Cieza, l'attribuaient aussi à son prédécesseur, Wiraqocha. La cause fut, à l'origine, nettement politique. Parmi les provinces conquises, il y en avait toujours des indociles qui n'acceptaient pas la suprématie du Cuzco et qui demeuraient dangereuses pour la sureté de l'Etat. Dans ces cas, une certaine quantité des familles -deux mille, trois mille et, quelques fois, de provinces entières, nous dit Garcilaso- était extraite de la région en question et transplantée dans une autre plus ou moins lointaine, mais de condition pacifique et manifestement dévouée à l'empire. Un nombre égal de familles de cette province-ci allait remplir le vide créé dans la première. Les ans et les autres étaient appelés mitamajkuna pour souligner leur condition de transplantés. Quand on découvrait ou conquérait une région fertile ou peu peuplée, l'Inka y transplantait des populations des provinces proches surpeuplées, d'après Luis de Morales. Puis, on y distribuait les terres, des troupeaux, des semences et des provisions pour subsister jusqu'à la première récolte. Ces mitmajkuna étaient exonérés de tout tribut pendant les trois ou quatre premières années et recevaient plusieurs autres bénéfices de la part de l'Etat.

D'après le chroniqueur Bernabé Cobo, la vallée de Cochabamba dans l'actuelle Bolivie fut peuplée avec ce type-ci de mitmajkuna, mais si l'on tient compte que cette région a toujours été très peuplée nous devons nous incliner à penser que les Inkas occupèrent Cochabamba avec des mitmajkuna du type « prosélytiste ».

Ce genre de mitmajkuna agriculteur fut utilisé principalement pour l'exploitation des vallées tropicales des versants orientaux des Andes, où l'on cultivait des arbres fruitiers, de la coca, certaines variétés de pomme de terre et de maïs, pour le ravitaillement des régions froides. Garcilaso nous en dit :

> « *De Nanasca l'Inka sortit des indiens yuncas de cette nation, pour les transplanter sur le fleuve Apurimaaj; car ce fleuve, depuis le chemin qui va du Cuzco à Rimaj, passe par une si chaude région que les indiens de la sierra, étant de terre froide ou fraîche, ne peuvent pas vivre en tant de chaleur parce que vite tombent malades et meurent...le fleuve Apurlmaaj, qui passe entre des montagnes très élevées et très âpres a, des deux côtés, très peu de terres profitables et l'Inka ne voulut pas que cela se perdit mais que l'on en profitât comme jardin, ne serait-ce que pour jouir des abondants et très bons fruits qui poussaient aux rives de ce fameux fleuve ».*

Le Cuzco utilisait aussi ce genre de vassaux pour garder les frontières de l'Antisuyu. Il y avait dans la jungle amazonienne -et il y en a toujours- des tribus nomades qui vivaient de la chasse et de la pêche et que, de temps en temps, envahissaient les vallées frontalières de l'empire. Pour empêcher ces invasions, l'Etat construisait des forteresses aux endroits stratégiques et y envoyait des mitmajkuna guerriers. Mais, en réalité, ceux-ci n'étaient que des mitmajkuna nominaux car leur service était temporaire en étant relevés au bout de quelque temps par des nouveaux contingents et pouvant rentrer donc à la terre natale.

De par la loi, le mitmaj, de n'importe quel genre, devait être envoyé dans une région aux conditions climatiques semblables à celles de sa région natale, et ceci se comprend si l'on voit que ces transplantations avaient un but économique et politique précis et qui exigeait la survivance des mitmajkuna.

D'une manière générale, l'Etat concédait un traitement préférentiel au mitmaj. Cieza de León écrit:

> *"En sachant les Inkas combien on sent dans toutes les nations quitter les patries et natures propres et pour qu'ils prissent de bonne manière cet exil, on a su que l'on les honorait et qu'à beaucoup on donnait des bracelets en or et en argent, des vêtements en laine et plumes, et des femmes, et que l'on les privilégiait en beaucoup d'autres choses".*

En ce qui concerne aux mitmajkuna indociles, l'Etat les gardait sous surveillance moyennant des espions qui, de par leur seule présence, déconseillaient tout essai de rébellion et qui, évidemment, tenaient la capitale au courant des moindres détails de la vie de ces mitmajkuna.

Les Inkas employèrent le système des mitmajkuna à grande échelle et on en a trouvé un peu partout dans l'empire. Cieza écrivait:

> « *Dans la majeure partie des provinces du Pérou ou en toutes, il y avait et il y a encore de ces mitmajkuna…ce qui convint grandement à sa subsistance (du Pérou), conservation et même à son peuplement"*.

Nous pouvons classifier les différentes sortes de mitmajkuna en quatre catégories principales:

- ∞ Les détachements militaires -au même temps agriculteurs- des frontières. Ils recevaient des cadeaux de l'Inka: vêtements, objets précieux, femmes, etc.
- ∞ Les colonies envoyées d'un pays surpeuplé dans un pays dépeuplé, à fin d'ajuster la population aux recours du territoire. Ils étaient exonérés de tout tribut pendant un longtemps - Louis Baudin, croit à une période de trois ou quatre ans-.

∞ Changements pour améliorer la production: des cultivateurs habiles étaient envoyés dans des régions où il y en avait peu, des artisans avec leurs familles devaient quitter les régions où il en avait trop, etc.

∞ Les véritables transplantations. L'Inka effectuait des changements de populations, non pas avec un but économique mais politique, pour assurer la paix et faire régner l'ordre dans l'empire. Il déplaçait d'office des tribus fidèles et les installait dans les provinces récemment conquises, au lieu des tribus turbulentes qui venaient occuper les territoires laissés par les premières. Dans ce cas, les mitmajkuna étaient complètement séparés de leurs compatriotes et passaient sous le contrôle du chef du territoire qu'ils occupaient; les liens avec le pays d'origine étaient définitivement brisés. L'Inka leur faisait des cadeaux et accordait des faveurs - vêtements, bijoux, femmes, etc- et avait toujours soin de les envoyer dans une région de climat semblable à celui de leur province natale.

5. La classe des serviteurs

C'est une classe qui apparut lorsque l'empire atteignit son apogée. Nous devons à Sarmiento de

Gamboa et à Cabello Valboa une poignée d'informations sur sa formation et sur son origine-notamment sur l'origine de son nom: *yanakuna-*. Ce fut sous le règne de Tupaj Yupanki, lorsque celui-ci chargea à son frère Tupa Qhapaj de visiter quelques provinces; ce frère en profita pour organiser une rébellion avec la collaboration de ces provinces. Découvert le complot, Tupa Qhapaj fut rapidement exécuté et l'Inka entreprit une expédition punitive contre elles. En arrivant dans un village appelé Yanayaku et s'apprêtant déjà à faire exécuter plus de 6,000 hommes, il décida de les gracier et de les destiner au service domestique de la noblesse, eux et toute leur descendance.

Puisque tel événement se produit à Yanayaku, le nom du peuple fut adjugé péjorativement à tous ces nouveaux serviteurs; or, le pluriel en langue quichua est formé par le suffixe « *kuna* », de telle manière qu'ils étaient désignés comme les « yanayakukuna », vocable si « *épanché et long* » en opinion de Cabello Valboa, que rapidement fut abrégé en « *yanakuna* », terme qui sert jusqu'à aujourd'hui pour désigner les ouvriers agricoles des Andes péruviens et boliviens. Si bien ils pouvaient être donnés en cadeau par l'Inka, exactement comme les femmes ou n'importe quel produit, ils jouissaient d'une vie assez aisée car ils n'étaient pas considérés comme contribuables et étaient à la charge de l'Etat; le produit de leur travail appartenait exclusivement à leurs maîtres et ils étaient considérés paradoxalement comme des gens de confiance -de confiance parce que serviles-; ils étaient exonérés du service militaire -prestation comme n'importe quelle autre qui affectait seulement les contribuables-, ils ne pouvaient se marier qu'avec des femmes de leur classe. Le chroniqueur Juan de Velasco, dans son « Historia del Reyno de Quito » nous dit que par le biais du service domestique, ils pouvaient gagner la confiance de leurs maîtres et nous donne l'exemple d'un nommé Chapera, de la tribu Canari, qui serait arrivé à devenir gouverneur de sa province. Aussi, Heinrich Cunow, dans « La organización social del Imperio de los Inkas", nous informe que les yanakunas jouissaient des libertés et que leur situation était, à certains égards, bien meilleure que celle des jatunrunas.

Il faut tenir compte qu'avant l'événement de Yanayaku, il y avait aussi des serviteurs mais dans un nombre très restreint et avec un caractère tout à fait différent. C'était un service temporaire et rotatif accompli par des populations déterminés, lorsqu'il s'agissait d'exécuter de certaines tâches dans le palais de l'Inka. Comme Garcilaso nous informe, la considérable quantité de gens qui y vaquait aux soins du ménage, venait des provinces voisines, était soigneusement sélectionnée et relevée périodiquement. Il s'agissait d'une prestation d'honneur qui louangeait à ceux qui la remplissaient et qui ne pouvaient être obligés à fournir aucune autre jusqu'à la fin de l'année. Ils n'accomplissaient ce service ni d'office ni à vie et, provenant de la chunka, étaient des tributaires et ne constituaient une classe sociale séparée des autres.

Le chroniqueur Santillán commet une erreur en appelant « yanakuna » à ces serviteurs-ci. Il nous dit qu'ils étaient choisis « *parmi les meilleures gens et que la majorité c'était des fils de kuraka* », qu'ils étaient placés en serviteurs dans le palais et que l'Inka en faisait des fois des chefs de province. L'erreur est évidente: l'auteur confond la classe des yanakuna avec celle des tributaires. Quelques fois et par exception, ces derniers prêtaient un service d'honneur au palais et ceux qui étaient fils de kuraka héritaient cette fonction à leur tour.

Du reste, il n'y a aucune preuve de ce que les serviteurs temporaires et les yanakunas n'eussent pas coexisté.

CHAPITRE V : L'armée inka

1. Les chefs militaires

Nous avons vu déjà que la noblesse avait dans ses mains le contrôle total du pouvoir dans l'empire, aussi bien dans le domaine civil que dans le domaine religieux. Il en était ainsi en ce qui concerne à l'armée, aussi, évidement. Comme on l'a déjà dit, les fils des nobles du Cuzco et des kurakakunas devaient étudier dans les yachaywasi avant de se soumettre au *waraku* ou *warachiku*, examen final de caractère militaire.

Ce warachiku déterminait l'entrée de l'individu dans la vie civile de l'élite et ses capacités pour prendre des commandements militaires. Il importe, donc, de voir les informations que sur cette épreuve nous ont laissé les chroniqueurs.

D'après Cristóbal de Molina cet examen avait lieu au Cuzco au mois de novembre. C'était un événement grandiose avec une forte influence religieuse et dont la finalité était de savoir si les futurs membres de l'élite étaient capables d'être chefs de l'armée.

Les candidats étaient mis au régime de l'eau pure et du mais cru, sans piment ni sel pendant six jours; puis ils allaient faire la mucha ou adoration du Soleil; à *Qoricancha*, d'où ils allaient à pied jusqu'au sommet du mont *Wanakauri* où ils passaient la nuit à découvert.

Au petit jour des lamas étaient immolées au dieu Wanakauri au son d'hymnes de louange. En suite les jeunes prenaient part à une course, depuis là et jusqu'à la forteresse de Sajsawaman, distante de quelques six kilomètres. A leur passage sur les flancs du mont ils étaient fouettés, comme une épreuve supplémentaire, par une foule armée des frondes en nerf de lama. Ceux qui défaillaient ou arrivaient les derniers étaient blâmés publiquement. Le lendemain, divisés en deux camps, ils combattaient les uns contre les autres avec tant d'ardeur que certains d'entre eux étaient parfois blessés ou tués. Par la suite ils devaient prouver leurs connaissances techniques en fabriquant des armes diverses avec lesquelles ils se livraient à des concours de tir. Ces démonstrations étaient interrompues pour faire la mucha et offrir des sacrifices au Soleil dans les autels des collines voisines et aussi pour recevoir des fouettées afin de s'habituer à la douleur. Des autres épreuves suivaient: le candidat devait rester dix nuits de suite en sentinelle, demeurer impassible alors qu'un chef faisait mine de lui fracasser le crâne avec une massue ou de lui piquer la figure avec la pointe d'une lance.

Finalement on leur perçait les lobes des oreilles; leur donnait le nom définitif et le wara, sorte de pagne qui pouvait être porté seulement à partir de ce moment-là. Dans sa forme waraku ou warachiku, le vocable signifiait acquérir le droit de porter tel vêtement.

On ne doit pas oublier que les probables successeurs de l'Inka participaient dans le warachiku à la même époque et dans les mêmes conditions que les autres jeunes. Garcilaso nous dit:

> « D'ans aucun des exercices, aussi bien de jeûne que des disciplines militaires et savoir faire les armes nécessaires et ses chaussures et dormir à même le sol et manger mal et marcher pieds nus, il n'était pas favorisé; même, si cela pouvait être, el était traité plus rudement que les autres et on en disait que, destiné à être roi, c'était juste que dans n'importe quelle chose qu'il eût à faire, il dût devancer les autres, tel qu'il le faisait en état et altesse de seigneurie ».

Au Cuzco, d'après Cristóbal de Molina, plus de 800 garçons à la fois se soumettaient à ces preuves. Dans les autres régions de l'empire, tous les fils des dignitaires y passaient dans un nombre qui pouvait atteindre plusieurs milliers, les dates étant différentes, par exemple septembre en Urqo et octobre en Ayamarka.

Seulement ceux qui réussissaient dans cette épreuve pouvaient recevoir des commandements dans l'armée inka.

Le commandement suprême de cette armée revenait en général à un fils, frère ou oncle du monarque. Ce généralissime, en campagne, portait en main le suntur paucar, insigne du commandement formé par une longue hampe armée de métal précieux, garnie et surmontée de plumes, et autour de lui marchaient les hommes appartenant aux populations les plus anciennement conquises et considérées comme les plus fidèles.

Lorsque l'Inka lui-même commandait, il était entouré par sa garde formée par des indiens Canari -ceci à partir de Tupaj Yupanki car ce fut lui qui conquit cette tribu de l'actuel Equateur- et suivi par le porteur de son oriflamme, signe de sa présence, qui était une bannière de coton ou de laine, petite, carrée, fixée au sommet d'une hampe et couronnée par un bouquet de plumes de couleur; sur l'étoffe étaient peints l'insigne impérial, l'arc-en-ciel, et celui qui était propre à chaque souverain: puma, condor, etc.

2. Le service militaire

Le service militaire était considéré comme une prestation quelconque, donc il n'affectait qu'aux jatunrunas contribuables, c'est-à-dire ceux qui avaient entre 25 et 50 ans. Auparavant, à partir de l'âge de 10 ans et pendant toute l'adolescence, ces hommes avaient reçu une instruction militaire permanente au terme de laquelle les vaillants et les plus forts étaient désignés comme soldats et les autres comme porteurs; aussi, tant qu'ils n'étaient pas appelés au service militaire, ils devaient faire des exercices tous les mois sous la surveillance du kuraka respectif.

Le recrutement était fait par un système de roulement des contingents qui mobilisait un dixième de la population au maximum, de telle manière que pas un hameau, pas une chunka arrivaient â être privés de la totalité de bras dont ils disposaient pour le travail. Pendant l'absence de l'enrôlé, la terre de sa famille demeurait à la charge de l'organisation communale respective et sous la surveillance d'un fonctionnaire spécial appelé llajtakamayuj.

Étant donné que l'empire n'entretenait pas d'armée dans des époques de paix, la durée du service militaire était déterminée par la campagne elle-même. Il n'y avait point de casernes. Normalement, l'appelé servait sous les drapeaux jusqu'à la fin du conflit, mais si la campagne durait longtemps l'Inka faisait relever ses troupes par des nouveaux contingents. En cas de mort on d'invalidité d'un soldat, toute sa chunka était immédiatement licenciée et renvoyée au village d'origine pour pourvoir à la subsistance de sa famille.

3. L'organisation des troupes

L'organisation des troupes était la même que celle de la vie civil. Le chef de la waranqa était un waminqa et dix waranqas conformaient une division commandée par un Junu Apu, quatre de ces division conformaient un corps d'armée sous le commandement d'un Wamanin Apu; tous ces chefs provenaient des rangs de la noblesse.

En plus les Inkas maintenaient une division rigide des provinces, ne rassemblant pas des soldats des provinces différentes dans un même contingent car cela aurait diminué la capacité de combat - par défaut de solidarité de groupe - et parce que chaque région ou/ et unité était spécialisée dans le maniement de son arme traditionnelle. Ceci avait comme conséquence une véritable compétition entre les différentes provinces - contingents qui essayaient chacun d'être le plus cornbatif de l'armée. Ainsi on peut rappeler un événement cité par plusieurs chroniqueurs:

Pachakutij ayant décidé la conquête de la région de Huamanga, son frère Qhapaj Yupanki, chef de son armée, envoya des troupes du Cuzco attaquer la forteresse ennemie d'*Urqocallac*; celles-ci échouèrent à deux reprises raison pour laquelle le chef décida de les remplacer par des troupes chankas qui attaquèrent avec tant d'ardeur que la forteresse fut rapidement prise. Cette « victoire » sur les troupes du Cuzco provoqua une telle suffisance chez les chankas que Pachakutij décida de les exécuter.

Cet épisode peut nous servir aussi pour voir combien la discipline était forte dans cette armée.

Les chankas prévenus de l'ordre donné par l'Inka Pachakutij s'échappèrent et quoique poursuivis par Qhapaj Yupanki, ils arrivèrent à se sauver. Le frère du monarque, craignant la colère de celui-ci attaqua et conquit la richissime région de Huaylas en croyant se racheter ainsi.

A leur retour, l'Inka ordonna l'immédiate exécution de Qhapaj Yupanki, son frère, par double désobéissance : ne pas avoir exécuté les chankas comme il en avait été ordonné, et avoir conquis une province ce qui n'avait pas été ordonné.

De la spécialisation de chaque province dans le maniement de son arme traditionnelle, résultait l'existence des contingents des frondeurs, d'archers, de lanciers, comme nous verrons plus tard.

4. Ravitaillement

Comme nous informe le chroniqueur Zárate, une sorte de prestation que les jatunrunas devaient fournir consistait en construire et entretenir des dépôts publics, des ponts et chemins et des *qorpawasi* ou *tampu*. Ces derniers étaient des véritables auberges aux bords de chemins, de « journée à journée » pour héberger et ravitailler les armées et les voyageurs. Ils étaient adossés aux dépôts royaux et dans chacun il y avait des vêtements militaires et de l'armement pour une quantité de 20.000 à 30,000 soldats.

L'entretien de ces qorpawasi était assuré par les chunkas de la région où ils se trouvaient, et sous le contrôle d'un fonctionnaire appelé *coptrackamayuj*.

Si l'on tient compte que ces dépôts étaient situés aux bords des chemins et que ceux-ci couvraient la totalité de l'empire[xxx], on peut comprendre que l'Inka pût déplacer des armées importantes dans des délais minimums de temps. Le réseau des chemins inkas ou *qhapaq ñan* qui traversait tout l'empire était ainsi une formidable infrastructure militaire.

La discipline dans cette armée était implacable. Interdiction était faite aux soldats, lorsqu'ils traversaient une région quelconque, de molester les habitants, d'endommager les récoltes, de prendre quoi que ce soit sans autorisation dans les villages. Le chroniqueur Cristóbal de Molina écrivait :

> *« …quand il y avait des gens de guerre avec eux et qu'ils marchaient, même s'ils étaient 100 000 hommes, il n'y en avait aucun qui sortisse des rangs pour aller ailleurs, même si les*

fruites et ce qui est à manger fût aux bords du chemin, sous peine de mort; pour ce qu'ils faisaient attention à prendre un éventuel coupable parce que lui ou son chef devait être exécuté ».

Aussi, le Péruvien H. Urteaga dans son livre « El ejército incaico » écrit qu'il était même prescrit de mêler à la nourriture des soldats en campagne, un peu d'anou, substance végétale qui calmait les « *ardeurs génésiques* ».

Si bien le nombre des soldats de cette armée variait selon l'importance des campagnes à réaliser, le gros d'historiens est d'accord pour signaler un total de 200,000 soldats, et un nombre égal de porteurs, à l'époque d'apogée, c'est à dire sous le règne de Wayna Qhâpaj.

Il faut souligner ici que ce nombre ne concerne qu'aux armées effectivement mobilisées. En effet, si l'on tient compte que la population de l'empire était d'environ 12 millions d'individus à l'arrivée des Espagnols -vers 1532- et que l'armée était conformé par tous les hommes valides entre 25 et 50 ans, nous pouvons, arriver à un nombre très supérieur. Supposons que la moitié de la population était constituée par des femmes et nous aurons un total de 6 millions d'hommes ; d'ici, il faut exclure les mineurs de 25 ans et les majeurs de 50 ans et aussi les invalides de toute sorte et notre résultat sera d'un nombre approximatif de deux millions d'hommes aptes à servir dans l'armée. Evidemment, il s'agit là de l'armée qui pouvait être effectivement mobilisée, mais le fait que l'lnka ne faisait appel qu'à un dixième de ce total -pour ne pas troubler la production économique- nous donne le total de 200,000 hommes énoncé ci-dessus.

CHAPITRE VI : La politique et la guerre

1. Un État de conquête

Dans son livre « L'empire socialiste des Inkas », Baudin écrit que plusieurs sociologues ont considéré l'empire inka comme le prototype de la société militaire, de l'Etat de conquête[xxxi]. Il est vrai que pour acquérir la suprématie qu'il a eue, à partir du noyau original du Cuzco, ce peuple a dû entamer une lutte continuelle pour la survivance jusqu'à en arriver à ce que la politique agressive devint l'un des traits caractéristiques de son pouvoir. En effet, ils ont été contraints de faire la guerre pour se libérer des menaces de puissants voisins, au début, et pour défendre et consolider leurs positions, après. En outre, chaque conquête en entraînait une autre. Plus d'une fois, les souverains inkas furent obligés de passer à l'offensive pour s'assurer la possession d'une région récemment annexée, contre les tribus voisines inquiètes du succès des armée du Cuzco. De surcroît, les armées, aguerries par des campagnes successives, ne pouvaient, sans risque de perdre leur ardeur, rester oisives. Plusieurs expéditions, à en croire les chroniques, furent entreprises dans le seul but de tenir la troupe en haleine.

2. Les méthodes de conquête

Dans leurs campagnes d'expansion les Inkas employaient des méthodes différentes des celles des autres peuples anciens. Leurs campagnes n'ont pas visé seulement l'expansion territorial de l'empire, mais s'inscrivaient dans une stratégie de totale intégration des régions gagnées, tout en profitant et en s'assimilant des progrès et institutions développées chez les vaincus. En parlant de Tupaj Yupanki, Rafael Karsten écrivit :

> *« Ses conquêtes eurent toujours un caractère méthodique en ce sens qu'elles ne visèrent pas uniquement à élargir extérieurement l'empire et à soumettre de nouvelles tribus. Chaque campagne militaire fut entreprise pour procurer quelque avantage positif au grand État, et l'organisation des territoires occupés constitue une partie essentielle de chaque conquête ».*

Malgré les affirmations en contraire du vice-roi Toledo et de Pedro Sarmiento, les souverains du Cuzco n'étaient ni pour la destruction ni pour l'extermination. Les chroniques nous en informent ainsi. Pedro Cieza de León dit:

« Et avec cela et avec d'autres bonnes manières qu'ils avaient ils entrèrent sans guerre dans beaucoup de régions, où ordonnaient à leurs soldats de ne faire ni des dégâts ni des torts, ni des vols ni des violences »

Aussi, Antonio de Herrera afirme que Ruka Inka…

« …tâchait, avec de l'habilité et des bonnes paroles, d'amener á son obéissance a beaucoup de gens ».

Et Anello Oliva, en louangeant les méthodes pacifiques de conquête, dit de Maita Qhapaj :

« Ce fut lui qui dit qu'aux gens qui ne voulaient se soumettre à lui pour de bon et librement, il fallait leur laissait dans leur barbarie et rusticité; qu'ils perdraient davantage à ne pas l'avoir comme seigneur que lui à l'être et les gouverner ».

Ce sont Cieza de León et Blas Valera les chroniqueurs que le plus objectivement et clairement, s'occupent des méthodes de conquête inkas. D'après eux, les méthodes employées par les Inkas ne furent pas utilisés par quelques souverains mais par tous; or, si bien ils entendaient se référer à la dynastie traditionnelle, nous pouvons inférer qu'il s'agit là d'une méthode longuement pratiquée qui a été ensuite adjugée á tous les souverains identifiés historiquement ou non. Avant de marcher à l'attaque d'une province déterminée, l'Inka déclenchait une première phase que l'on peut appeler d'offensive diplomatique et qui consistait principalement à expliquer les désirs d'annexion du souverain et les avantages de la soumission au Cuzco - notamment la protection militaire contre les tribus voisines belliqueuses- et surtout le danger d'un refus, étant donnée la supériorité accablante de l'armée inka. N'oublions pas que l'on se réfère à l'époque postérieure à la guerre avec les chankas, quand les Inkas constituaient déjà l'empire puissant que l'on sait ou, si l'on veut, quand les « inkas » étaient devenus les « Inkas ». Il s'ensuivait dans beaucoup des cas la soumission sans résistance de la province requérie; et alors le monarque faisait amener à la capitale et le kuraka de la région et sa famille et la waka ou dieux de la région. Le kuraka et sa famille étaient généreusement régalés, initiés dans la religion, lois, mœurs et langue de l'empire et renvoyés dans leur province d'origine, où le chef reprenait son commandement, avec 'aval de Cuzco cette fois-ci, avec toutes les prééminences et obligations des dignitaires de son rang.

Si l'adversaire rejetait les propositions de l'Inka, la deuxième phase était déclenchait: celle de l'espionnage. Les espions étaient envoyés pour obtenir des renseignements sur la position et force de l'armée ennemie, sur les accidents physiques du terrain et points de possible résistance, sur l'emplacement des centres d'approvisionnement en armes et en vivres. Aussi, ils essayaient de déterminer l'importance et solidité des alliances entre la province concernée et les autres l'avoisinant; ici, on doit retenir les essais de corrompre certains chefs ou personnalités religieuses par le moyen des dons des dépôts impériaux. Aussi, divulgation était faite d'indications, vraies ou fausses, sur les effectifs et la valeur de l'armée de l'Inka pour créer une atmosphère de terreur et on en finissait pour mener des actions de persuasion ou de terreur sur les tribus alliées de l'adversaire à fin de l'isoler.

Dan sus "NOTAS acerca de los Inkas en el Ecuador", Jijón y Caamaño nous renseigne ainsi:

« ...abord, en suivant les cordillères, ils avançaient jusqu'aux points stratégiques sans entrer dans les vallées où le noyau de la population aborigène habitait; deuxièmement, ils soumettaient quelques-uns des peuples autochtones de plus d'importance et y établissaient des tanpus ou dépôts et des garnisons; dernièrement, ils étendaient leurs conquêtes jusqu'aux villages plus éloignés. Ils construisirent des forteresses sur les chemins qui allaient vers la jungle amazonienne dans les territoires canar et palta, mais jamais ils ne pénétrèrent dans la forêt tropicale et laissèrent leurs garnisons plus avancées aux cols des montagnes ».

Et Karsten nous montre qu'ils pouvaient faire preuve de grande patience en nous racontant que, lorsque Tupaj Yupanki décida d'attaquer une tribu de la région équatorienne d'Esmeraldas, dont les hommes excellaient en lutte fluviale, il entrainât au préalable ses hommes jusqu'à ce qu'ils apprennent à nager et à se servir de pirogues, avant de déclencher l'offensive.

Finalement, avant l'attaque, il y avait de certains préparatifs religieux, tels que jeûnes, prières diverses, sacrifices d'animaux et des enfants, consultations des divins et, si la campagne s'annonçait difficile, l'Inka lui-même se mettait à la tête de l'armée ce qui, vue la qualité surnaturelle du monarque, configurait aussi un augure de bonne fortune.

Une fois accomplis tous ces préparatifs, on passait à la phase du siège de la région et des dernières sommations.

Bref, le procédé de l'Inka pour conquérir un territoire était :

- ∞ Il s'informait d'abord de la situation générale de la tribu occupante du territoire et de ses alliances.
- ∞ Il chargeait ses espions d'étudier les voies d'accès et les centres de résistance.
- ∞ En même temps, il envoyait des messagers à plusieurs reprises pour demander obéissance et pour offrir des riches présents.

∞ Si les adversaires se rendaient, l'Inka ne leur faisait aucun mal; s'ils résistaient, c'était l'offensive mesurée, c'est à dire, une attaque qui évitait de piller et de dévaster un territoire que le monarque comptait bien annexer.

3. Les armes

Si bien les Inkas furent des grands conquérants, ils ne disposèrent que d'un armement sommaire et quoique les nombreux peuples qu'ils soumirent ne furent pas plus mal armés qu'eux-mêmes, ils leur furent supérieurs par la stratégie et, surtout, par la discipline.

Comme on l'a déjà dit, les armes étaient fabriquées par les soldats eux-mêmes et étaient divisées en offensives et défensives.

Parmi les armes offensives il y avait la fronde, qui était certainement l'arme la plus redoutable et dont le rnaniement était familier aux hommes des Andes depuis leur plus tendre enfance -jusqu'aujourd'hui elle est l'arme par excellence pour chasser des oiseaux-. Le cordon de cette arme était fait en laine, cuir ou fibre de cabuye, et il était souvent lissé ou brodé; le projectile c'était une pierre ronde chauffé à blanc pour enflammer les toits de chaume. C'est ainsi que le Cuzco fut incendié lors de l'attaque de Manku II contre les Espagnols en février 1536.

Il y avait aussi des soldats armés avec des arcs et des flèches, armes traditionnelles des guerriers provenant des régions tropicales; les flèches étaient faites en bois, silex ou métal et l'Inka, par un étonnent souci d'humanité, défendait qu'on les empoisonnât.

Une arme particulière était l'estolica ou propulseur, arme à lancer des flèches et qui était beaucoup plus répandue que l'arc; Baudin l'a décrit ainsi:

> « ...*se composait d'un bâton de 40 à 60 cm. de longueur, surmonté d'un rebord à sa partie antérieure. La flèche était placée le long du morceau de bois, de manière que sa pointe reposât sur le bord et que son talon se logeât dans le crochet. Le soldat saisissait le bâton à pleine main et décrivait avec le bras un arc de cercle comme s'il voulait lancer l'instrument, mais il ne le lâchait point et la flèche seule, quittant le rebord et poussée par le crochet, partait vers le but. La estolica était donc un simple prolongement du bras, destiné à donner au trait une vitesse plus grande"*.

Les soldats inkas se servaient aussi de l'aillo (« bolas » des Espagnols, « boleadoras » des gauchos Argentins), utilisé surtout pour la chasse; il était formé d'une corde divisée en trois cordelettes, chacune d'elles portant à son extrémité une pierre ou une masse de métal. Il était lancé dans les jambes des animaux sauvages ou des soldats ennemis, autour desquelles il s'enroulait à la façon d'un lasso, et les indiens s'en servirent plus tard pour faire tomber les chevaux espagnols.

Il y avait aussi des armes destinées au combat rapproché, fabriquées souvent avec du bois et du bronze: la *chuki* ou lance, *toupica* ou pique, *macana* ou épée, *callhua* ou petit sabre, *huicopa* ou petite massue à lancer, *huactana* ou masse lourde, à la tête étoilée de bronze, hache en cuivre, javelot.

Et parmi les armes défensives ils avaient des pectoraux de métal composés de petites plaquettes métalliques, casques de bois et étoffes dures de coton sur la tête, grands boucliers de bois et coton capables de couvrir jusqu'à une vingtaine d'hommes en plastrons capitonnés.

Des toutes ces armes, offensives et défensives, les Espagnols en trouvèrent des grandes quantités dans les dépôts publics.

Les soldats inkas portaient d'uniformes égaux mais des casques différents d'après la région.

Dans son ouvrage "The Inkas of Peru », Markham nous décrit l'Inka au combat:

« L'Inka portait un long bouclier carré, de bois ou de cuir, avec une frange d'étoffe, ayant au dos une boucle de cuir dans laquelle il passait

le bras gauche; el tenait à la main droite une massue terminée par une étoile de bronze à six ou huit pointes ».

4. La bataille

D'après les fragmentaires informations que l'on trouve sur les batailles elles-mêmes, nous pouvons inférer certains traits caractéristiques du modus operandi inka.

Avant le début des actions il y avait des discours exaltants de la part des chefs, et des hurlements collectifs à fin de semer l'épouvante; au préalable, certains guerriers se barbouillaient la figure de couleurs diverses, généralement rouge ou noire, tels les canaris et les chankas.

L'immense armée inka -200.000 soldats à l'époque de Wayna Qhapaj-, organisée décimalement jusqu'au dernier homme, divisée par provinces et corps d'armée, avait logiquement un ordre d'attaque qui avait comme base la chunka de dix hommes. Les premières lignes d'attaque étaient conformées par les détachements de frondeurs; ensuite c'étaient les archers et les estólicas; en troisième ligne, les ayllos.

Une fois les troupes rapprochées, le combat corps à corps s'ensuivait; les inkas toujours organisés par chunkas et les adversaires se battant individuellement. Les chefs de tous les niveaux, reconnaissables á leurs plumets, combattaient avec leurs soldats; les chefs supérieurs, en outre, cherchaient à avoir une vue d'ensemble de la bataille.

Le nombre décidait parfois de la victoire et c'était le meilleur atout de l'armée impériale. Aussi, si une de les armées semblait triompher, cette seule apparence pouvait suffire à assurer la victoire, car des indiens n'appartenant ni à l'amée Inka ni au peuple attaqué, venus en spectateurs se joignaient à l'armée qui semblait vaincre pour ne pas risquer de courir le sort des vaincus.

La tactique semble restée primitive. Cependant Pachakutij employait une méthode: au lieu de poursuivre l'attaque sur tout le front de combat, il cherchait à discerner où se trouvait le centre du commandement et de la résistance de l'ennemi, le point névralgique, soit une idole, soit un chef; ensuite il s'en emparait- car l'Inka combattait, lui aussi, pour ne pas perdre son prestige de soldat -aidé par des guerriers d'élite- et provoquait la démoralisation de ses adversaires.

Ainsi, il vaincu les chankas en saisissant leur idole aux portes du Cuzco et en faisant prisonnier le chef des collas au combat de Pucara. En opinant sur la tactique inka Rafael Karsten dit:

> « *Il était dans le génie de ces conquérants inkas de modifier leur tactique et d'adopter de nouvelles méthodes chaque fois que les circonstances le commandaient* ».

5. Le triomphe

La victoire était toujours l'occasion pour un défilé solennel au Cuzco. Tout d'abord défilaient les troupes au son des tambours et des trompes, en tenue de guerre; ensuite, les prisonniers passaient, les mains liées derrière le dos avec leurs femmes et enfants; puis, le souverain ennemi étendu nu sur une litière entourée de tambours faits avec la peau de ses parents; ensuite, le butin de guerre, soldats présentent au bout de leurs lances les têtes des chefs ennemies; des crieurs qui rappelaient les crimes des vaincus et les exploits des vainqueurs, des orejones empanachés, des ajllos qui dansaient tambourin en main et grelots aux chevilles, puis des hauts fonctionnaires qui entouraient la litière où trônait l'Inka suprême en costume d'apparat; après, des parents et des ñustas portées sur des litières et, finalement, encore des troupes.

Après, l'Inka traversait la place du Cuzco en piétinant les corps des prisonniers étendus à terre. Danses, chants festins et ivresse générale se succédaient finalement.

Les prisonniers étaient traités généreusement car ils étaient renvoyés sur leurs terres, les chefs confirmés dans leur pouvoir et la région conquise organisée comme partie de l'empire. Seuls étaient punis les révoltés et les traîtres; ainsi Zárate nous dit que les habitante d'une région de la côte équatorienne furent condamnés à avoir des dents cassées, eux et toute leur génération, et Balboa dans son « Histoire de Péru » nous parle de révoltés qui furent tuées et dont les peaux servirent à faire des tambours.

6. Les places fortes

Le souverain n'avait pas seulement à livrer des guerres offensives: il avait aussi à se défendre. Les frontières étaient perpétuellement menacées par des tribus guerrières redoutables, comme les Guarani à l'est –la région du Paraguay actuel- ou les Araucan au sud –le Chili actuel-. Aussi existait-il tout un système de forts, places fortifiées, camps militaires. Partout, dans l'empire, il y avait des nombreuses forteresses stratégiquement situées. La construction était, par rapport aux armes qu'ils connaissaient, généralement très solide, parfois simple, parfois compliquée et toujours faite en profitant intelligemment les caractéristiques du terrain. Quelques-unes étaient fortifiées avec des bastions, entourées de fosses et les murs garnis de parapets. La majeure de toutes ces forteresses était celle de la capitale qui a été qualifiée par de Ribero et de Tschudi comme »une des plus merveilleuses œuvres architectoniques de la force brutal de l'home». Elle s'appelait *Sajsawaman*, construite peut-être vers la fin du 14e.siècle quoique commencée bien avant les Inkas. On a conservé le nom des architectes qui dirigèrent cette œuvre: Apu Wallpa Rimachi, Inka Marikanchi, Akawana Inka et Kallacunchuy.

Le fort était construit sur la colline du même nom, vers le nord du Cuzco et était formé de plusieurs enceintes concentriques en pierres énormes; au centre se dressaient trois tours, réunies entre elles par des couloirs souterrains, et se trouvait un réservoir rempli amené par des canaux également creusés sous terre. Dans ce fort en gardaient les trésors des palais royaux et du temple du Soleil et la famille impériale, en époque de guerre.

Chaque forteresse avait son caractère spécial: les plus célèbres étaient celles de Calcahilares, de Huillcahuaman, de Huánuco, de Chimú en Mansiche, de Hatun Canar, de Coranqui et autres. La forteresse de Wichay, a huit kilomètres de Tarma, qui défend l'entrée de cette vallée, était d'une construction très particulière[xxxii].

Disons qu'en général, les fortifications étaient:

- Les *pukaras* ou enceintes, hâtivement construites, et les tampus fortifiés aux murs de pierre polie; paraissent n'avoir eu qu'une faible valeur défensive.
- Les grands forts d'arrêt qui fermaient les voies d'accès de l'empire et qui étaient en réalité des places fortifiés qui se suffisaient à elles-mêmes. Chacun d'eux refermait une ville entière avec ses maisons, ses temples, ses champs de culture, et pouvait résister à un siège illimité, tels Pisak, Ollantaytambo ou Machu-Picchu.

- Les camps militaires des frontières: c'étaient des zones frontalières avec un système de forteresses qui dominait les passages. Ainsi, la province canari présentait l'aspect d'un camp de tranchées avec ses forts de Pukara, près du fleuve Peluicay, de Pitavina sur les rives du fleuve Jubones, d'Inkapirka, près du confluent du Silante et Wayrapungo[xxxiii]. Egalement, la région du sud, entre les fleuves Choapa et Maulc, était occupée militairement par des avant-postes, à fin de contenir les avances des belliqueux araucans.

CHAPITRE VII : L'expansion de l'empire

Le Tawantinsuyu était, à l'arrivée des Espagnols, un immense empire de 1.738.71 Km2, soit environ un 10% de l'extension totale de l'Amérique du Sud ; il était divisé en quatre grands suyus ou régions (*Tawantinsuyu* = « quatre régions ») et sa capitale était le Cuzco. Voilà des vérités sur lesquelles tout le monde est d'accord.

Mais, si bien cette expansion quantitative de l'empire est acceptée unanimement, il y a jusqu'aujourd'hui un profond désaccord sur l'évolution de cette expansion territorial.

Il est évident que les chroniqueurs s'heurtèrent à des difficultés presque insurmontables dans leurs recherches. Par exemple, Alonso Borregón, nous déclare franchement qu'il ne put pas se renseigner sur l'époque antérieure à Pachakutij; Pedro Cieza, aussi, écrivit sur Sinchi Ruka : « Et ainsi, de celui-ci comme des autres, les orejones ne savent pas grande chose ». Pedro Pizarro dans la préface de son livre:

> « ...mais comme les écrivains n'écrivent pas ce qu'ils ont vu mais ce qu'ils ont entendu, ne

peuvent pas donner une claire et véritable information dans ce qu'ils écrivent ».

D'ici, certains auteurs comme le Bolivien Jesús Lara déduisent que les premiers chroniqueurs

« …par manque d'information…laissèrent un vide sur les premiers rois et affirmèrent que, en vérité, ils firent peu de choses, et attribuèrent les œuvres importantes de l'empire à Pachakutij, Tupaj Yupanki et Wayna Qhapaj. Ainsi, ils donnaient l'impression que Manku Qhapaj Inka et six ou sept de ses successeurs demeurèrent inexplicablement inactifs et stationnaires… »

En effet, les chroniqueurs ne purent se renseigner sur la période antérieure à Tupaj Yupanki et Pachakutij que d'une manière très fragmentaire; nous avons déjà dit qu'ils n'eurent accès qu'aux informations orales que les indiens du 16e.siècle pouvaient leur donner. Ils n'en purent donc conclure qu'en acceptant une certaine inactivité chez les premiers Inkas.

Cependant un curieux phénomène a joué, en faussant leurs études, sur les écrivains modernes. L'extraordinaire degré de développement de la société inka et le rôle suprême des Inkas dont les Espagnols nous ont décrit les exploits, fit éteindre à toute la dynastie les qualités des derniers. Poussés par un faux souci de patriotisme, ces écrivains -dont le Péruvien

Garcilaso fut le premier représentant, au début du 17e siècle- ne réalisent pas que le degré de progrès atteint par les derniers Inkas ne fut que la conclusion logique d'un long processus dialectique. Ils veulent adjuger à tous les souverains les réalisations et exploits des derniers et conçoivent l'existence de l'empire comme une lente et constante marche vers la perfection.

Ainsi l'studieux péruvien Riva Agüero, dans son œuvre « Civilización peruana » distingue les deux positions et se prononce pour la thèse « évolutionniste ». Il écrit des deux thèses :

- ∞ « La théorie de la diffusion fulminante du pouvoir des Inkas, ce que j'appelle du miracle subit, l'expansion très rapide de Pachakutij et Tupaj Yupanki…et que, d'un seul coup, en seulement deux générations, arrivèrent à construire l'énorme empire…ce que j'appelle prodige magnifique, la soudaine expansion d'un pays minuscule qui en deux ou trois générations s'élargit jusqu'à couvrir d'énormes territoires… »

- ∞ « La traditionnelle et croyable, qui n'est pas seulement de Garcilaso, et qui accepte la continuelle et progressive expansion par des guerres obstinées et longues campagnes, sous beaucoup de règnes successifs ».

Ce que ces historien n'ont pas considéré c'est que la mémoire orale n'enregistre que les évènements capitaux de l'histoire et ceci, encore, pour un temps qui « *ne dépasse jamais les 200-250 ans* » selon le sociologue Franklin Pease. Il n'est pas plus juste alors d'induire de l'inexistence des souvenirs -car il ne s'agit pas des textes conservés mais des souvenirs recueillis- une inexistence des faits mémorables. En tout, les informations fragmentaires qui ont pu être recueillies non pas seulement sur la période inka mais aussi sur les civilisations antérieures à eux, nous montrent bien que l'arrivée de l'Inka Pachakutij et le début de l'expansion ne furent pas un « *miracle subit d'un seul coup* » mais le débordement logique d'un peuple parvenu à un degré supérieur d'organisation que ses arriérés voisins.

Il importe de souligner que, fait accepté par tous les auteurs, ce fut avec Pachakutij que l'empire en tant que tel commença; les antérieurs gouverneurs, quoique appelés Inka ne furent que des sinchis ou chefs de tribus comme beaucoup d'autres. Il faut donc établir au préalable si l'on veut s'occuper des Inkas en tant que lignage ou dynastie ou en tant qu'empereurs. Le fait que cela soit Pachakutij le premier vrai empereur et que les souvenirs ne gardent mémoire que des événements se déroulant à partir de lui, a permis l'apparition de cette confusion parmi les studieux des Inkas.

L'écrivain argentin Roberto Levillier, poussé par le souci de démythifier l'histoire inka romancée par Garcilaso, quoique en tombant dans des extrêmes scandaleux[xxxiv], nous permet quand même de voir mieux la progression de l'impérialisme inka. En critiquant Garcilaso -qui attribuait des conquêtes inexistantes au premiers gouverneurs- il dévoile la contradiction dans laquelle se font prendre tous ceux qui défendent la thèse de l'expansion « lente et constante » : réduire Pachakutij, voire l'annuler, à un simple organisateur de plus régnant sur un empire depuis longtemps construit et organisé par ses prédécesseurs, tant que la toute mémoire orale considère cet Inka comme le vrai initiateur d'une étape qualitativement différente et va jusqu'à l'appeler « réformateur du monde » (*pacha* = monde; *kutij* = modifié, changé).

Garcilaso, aveuglé par son désir d'égaliser les exploits des Inkas, annule l'œuvre de Pachakutij en lui enlevant :

- ∞ Le triomphe sur les chankas.
- ∞ La défaite de Chuchi Qhapaj, roi des Collas et la victoire sur les fils rebelles de ce chef.
- ∞ Des annexions qu'il adjuge à Qhapaj Yupanki et à Tupaj Yupanki, frère et fils de l'Inka respectivement.
- ∞ Les innovations politiques et stratégiques qui déterminèrent la réalisation de l'empire.

Quoiqu'il en soit, l'organisation de l'Etat se fait patente à l'époque attribuée par les chroniques à l'Inka Pachakutij. C'est alors que d'importantes réformes politiques, administratives, religieuses et militaires furent accomplies pour configurer le Tawantinsuyu tel qu'on le connaît aujourd'hui.

Apparemment, l'Inka Maita Qhapaj fut le premier en guerroyer et conquérir, car les chroniques disent qu'il se servait d'ambassadeurs, espions, qu'il essaya de mêler les races soumises, d'apprécier les moyens défensifs de ses voisins et procédait, en chaque cas, d'accord avec la relativité des forces en jeu. Cependant, ces Inkas, les premiers, n'assurèrent pas ce qui était gagné et chaque roi devait récupérer ce que les antérieurs avaient perdu sans avancer dans l'espace. Levillier la qualifie de « *tâche aux flux et reflux* ».

D'après Betanzos, aux temps de Wiraqocha, septième Inka, il y avait encore autour du Cuzco plus de 200 kurakakuna libres, seigneurs d'hameaux en provinces et, dans d'autres régions, les tribus vivaient sans aucune organisation et faisant appel au plus vaillant guerrier aux moments de conflit. Et, d'un autre côté, outre Betanzos, les chroniqueurs Polo de Ondegardo, Santillán, Sarmiento, Acosta, qui recueillirent leurs informations, tous, entre 1540 et 1580, tombent d'accord pour signaler que les principales conquêtes avaient été réalisées par les derniers Inkas, de Pachakutij à Wayna Qhapaj.

Les chroniques, après nous avoir dévoilé ca moment capital qui fut la guerre inka-chanka, nous informent d'une marche dirigée par Pachakutij, vainqueur déjà de ses ennemis plus redoutables, vers le

Qollao, réalisée en deux étapes : dans la première, qui fut déjà favorable au Cuzco, le kuraka local, Chuchi Qhapaj fut vaincu et sacrifié au Soleil, et ses partisans amenés à la vallée du Yucay, près de Cuzco, pour y travailler dans des constructions de bâtiments. Dans un deuxième moment on mentionne la rébellion de ces travailleurs forcés qui fuient vers le Qollao et organisent la résistance autour des fils du kuraka naguère vaincu. Les récits des chroniques parlent ici de la campagne de Pachakûtij, accompagnée de deux de ses fils, Amaru Yupanki et Apu Paukar Usno, qui finalement prirent le commandement de cette victorieuse expédition.

L'agression chanka fut la dernière que le Cuzco subit. Ensuite, Pachkutij commença à développer son action impérialiste qui est ainsi considérée par l'obstiné détracteur des Inkas, Roberto Levillier :

> *« ... Les nations pour Pachakutij pouvaient être amies ai elles étaient avec lui, ou ennemies, si elles n'acceptaient pas sa direction, ou si elles ne se soumettaient pas à sa volonté, ou rejetaient ses exigences de collaboration dont la plus nette fut l'engagement des hommes dans une action guerrière appelée...commune! Une des plus grandes habilités de Pachakutij fut d'attirer les tribus pacifiquement ou de les soumettre violement pour profiter d'elles, ensuite, comme instruments de consolidation de l'empire ou moyens d'extension territoriale.*

Ses guerres poursuivaient, donc, en partie, l'obtention de soldats. Il réalisait que, grâce à elles, la supériorité en nombre de ses troupes serait accablante, les dépenses indifférentes, et le triomphe sûr ».

Cependant, les exemples de conquêtes pacifiques ne manquent pas. Il en fut ainsi pour la vallée de Chincha, mais bien souvent aussi les tribus indépendantes résistaient désespérément, tels les caras. Ces derniers avaient formé une véritable confédération avec plusieurs de leurs voisins du sud, zazzas, paltas, canaris, mais les inkas commencèrent par détacher une à une les nations fédérées et les caras furent réduits à leurs seules forces. La lutte que les inkas entreprirent contre eux se prolongeât pendant 17 années, elle fut très dure et elle met en lumière les procédés de conquête tout à fait moderne des Inkas. Ceux-ci procédaient par étapes, consolidant leurs progrès avant d'en marque d'autres ; ils organisaient économiquement chaque parcelle des territoires conquis, en construisant des dépôts, des routes, des places fortifiés, qui servaient de base pour les opérations futures.

On voit maintenant combien il est faux de prétendre que les inkas aient étendu leur empire sans effort, par de simples promenades militaires. Même pour affirmer leur puissance sur le plateau du sud péruvien, les souverains ont eu à lutter contre des confédérations qui, comme les chankas, ont signifié un grave danger pour l'existence de l'empire. Certains

Inkas ont failli trouver la mort dans les combats, tel Inka Ruka, blessé devant Ollantay. Au début de la guerre des caras, Tupaj Yupanki échoua devant Mocha et son ennemi s'empara de nouveau de toute la province de Puhura; plus tard Wayna Qhapaj fut battu par les carankis, son frère battu et tué au siège d'Otávalo, dans le nord de l'Equateur actuel et l'Inka ne finit par triompher qu'en employant une ruse de guerre.

De même, les révoltes n'ont pas été rares, malgré toutes les précautions prises par le monarque, et certaines ont mis en péril l'existence de l'empire, par exemple celles de chanka et le siège du Cuzco pendant une absence de Wiraqocha, selon raconte Sarmiento.

Cunow provoque la colère de Baudin en écrivant:

> *« Ces descriptions surabondantes qui nous racontent les glorieuses victoires des Inkas, nous montrent leur supériorité guerrière sur les autres tribus, leur audace et leur bravoure invincibles, ne sont que des légendes. Une fois que les inkas avaient vaincu les petites tribus qui étaient leurs voisines, une expansion plus grande n'offrait aucune difficulté... »*

Les faits font aussi justice de l'absurde accusation de lâcheté portée en général contre les indigènes. Les batailles livrées entre les armées d'Ataujwallpa et de Waskar à Ambato en Equateur, à

Quipaypan près du Cuzco ont été acharnées. On fait grand état du peu de résistance offerte par les inkas aux Espagnols, mais on oublie un peu trop facilement qu'à ce moment le Tawantinsuyu était déchiré par la guerre civile entre les secteurs traditionnels du Cuzco et les secteurs nouveaux de Tumipampa. Les indigènes qui prirent parti pour Waskar -du Cuzco- regardaient les blancs comme des sauveurs, leur faisaient gré d'avoir fait prisonnier Ataujwallpa et leur faisaient fête. Ce sont des soldats de Cuzco qui ont marché sous les ordres des Espagnols contre les hommes de Tumipampa. En somme, l'arrivée des Européens n'a été qu'un épisode dans la grande lutte entre le Cuzco et les secteurs qui prirent de l'importance politique, comme conséquence de la trop grande expansion de l'empire.

Quant à la débâcle de l'armée d'Ataujwallpa, dès que celui-ci fut pris par les Espagnols, elle s'explique fort bien. Il y eût d'abord une véritable trahison, car le monarque recevait les étrangers en amis, sans avoir tenté de les arrêter dans los défilés de la cordillère, ce qui lui eût été extrêmement facile. D'autre part, les guerriers andins, qui n'avaient jamais vu des chevaux ni armes à feu, étaient remplis d'une crainte superstitieuse. Chez les autres peuples d'Amérique, l'épouvante ne fut pas moins grande. En fin et surtout, en raison même de la centralisation excessive du pouvoir, la perte du chef aboutissait à l'anéantissement de l'armée. L'extraordinaire disciplina qui régnait dans l'empire, chez les civils comme chez les militaires, avait à tel point détruit l'esprit d'initiative individuelle que les hommes n'osaient ou même ne savaient plus agir quand ils n'étaient pas commandés. La preuve en est que les habitants de la région équatorienne, soumis pendant moins de temps que les autres à la puissance de l'Inka, résistèrent vaillamment aux Espagnols; Quisquis et Rumiñahui luttèrent désespérément contre Almagro et Benalcázar ; un des fils de Wayna Qapaj reprit Cajamarca ; la bataille de Tiocajas, dans la province de Riobamba, dura un jour entier et les Espagnols auraient dû reculer si une éruption providentielle du Cotopaxi n'eût effrayé les indigènes qui se retirèrent. Les autres habitants de l'empire ne demeurèrent point passifs. Manku II repoussa Pissarre dans la vallée de Yucay et assiégea le Cuzco en 1536. Ce siège fut fertile en traits d'héroïsme, une cruelle lutte corps à corps eut lieu, la ville fut incendiée. Plus tard, des révoltes d'indiens soumis se multiplièrent et certaines d'entre elles furent d'une extrême gravité, comme celles de Huarochirí en 1570 et de Tarma en 1743, par exemple. En 1780, Tupac Amaru, à la tête de 60,000 hommes, ne conquit pas moins de six provinces.

Il serait également exagéré de regarder la guerre comme une passion dominante des Inkas et de supposer que l'empire vivait en état de lutte perpétuelle. Le soin apporté par le souverain à recourir le moins possible à la force des armes dément cette assertion. Il suffit de comparer la situation de l'empire sous le règne de Wayna Qhapaj à celle qui existait autrefois, lorsque les tribus ou confédérations de tribus luttaient sans cesse entre elles, pour mesurer le progrès réalisé.

CHAPITRE VIII : La guerre inka-chanka

1. Yawar Waqaj-Wiraqocha ou Wiraqocha-Pachakutij?

Quoique les détails de la guerre entre les inkas et les chankas nous soient parvenus assez fidèlement, les noms des protagonistes ne sont jusqu'aujourd'hui pas clairs. La guerre se développe-t-elle sous les règnes de Yawar Waqaj et de son fils Wiraqocha, ou bien sous les règnes de celui-ci et de son fils Pachakutij ?

La personnalité et règne de Yawar Waqaj, septième souverain, ont été étudiés sous des angles très contradictoires par les chroniqueurs. Tandis que Cieza de León l'appelle « Inga Yupangui », lui attribue un gouvernement éphémère et le fait victime d'une conspiration des dignitaires du Kuntisuyu, Sarmiento de Gamboa le présente conquérant dix provinces et Cabello Valboa le fait régner pacifiquement pendant trente ans. De leur côté, Garcilaso et Vásquez de Espinoza, nous disent que dans sa période, il y a une dangereuse rébellion des chankas qui marchent sur la capitale décidés à l'envahir ; l'Inka s'enfuit, tandis que son fils ainé, l'auqui Wiraqocha, prend la défense de la ville et vainc les rebelles. Cette circonstance provoque l'abdication de Yawar Waqaj en faveur de son fils.

Cependant, Sarmiento de Gamboa, Cieza de León et autres auteurs transfèrent la rébellion des chankas au règne de Wiraqocha. Ils lui adjugent quelques campagnes de conquête aux premières années, mais en face de la rébellion chanka et devant l'imminence d'une entrée ennemie dans la capitale, nous disent qu'il s'enfuit vers Sajsawana et attribuaient la défense de la ville et la victoire sur les insurgés à son fils Pachakutij. Garcilaso nous donne une explication d'ordre « psychologique » que Jesús Lara trouve « plus conforme à la raison ». Lui, « loin de se renfermer dans un cercle d'affirmations », il commence à suivre l'évolution psychologique de Yawar Waqaj, qui vit inquiet par toute sorte de prédictions faites autour d'un incident survenu pendant son enfance : il avait « pleuré » du sang (son nom est assez expressif : *Yawar* = sang, *Waqaj* = pleurer). Lors de son arrivé au pouvoir, il devient la proie des plus profondes hésitations et craintes d'entreprendre des actions de conquête ; il organise plusieurs campagnes militaires, mais évite toujours de prendre la tête de son armée en donnant le contrôle à d'autres chefs. Survenue la rébellion chanka, des gens belliqueuses qui marchent vers la capitale prêts à la détruire, l'Inka se laisse prendre et dominer par ses craintes et, au lieu d'organiser la défense de la ville, il l'abandonne à son sort et part vers le Qollasuyu. Cette version de Garcilaso est partagée para Bernabé Cobos et par Vásquez de Espinoza.

Ces chroniqueurs partent de la base erronée de ce que l'Inka Wiraqocha ne pouvait pas fuir devant l'ennemi. Jesús Lara, en soutenant cette thèse, dit :

> *« …le comportement de Wiraqocha Inka apparaît, plus que contradictoire, illogique. Sa fuite devant l'ennemi est inexplicable. À un hombre capable et vaillant, qui entreprend d'importantes œuvres de gouvernement et de conquête, en ne peut pas le voir tomber dans une défection aussi intempestive qu'irraisonnée ».*

Quelles œuvres *« de gouvernement et de conquête »* ?...

C'est dans le domaine religieux qu'il faut chercher les raisons de l'importance que Wiraqocha a conservé dans les traditions orales. En effet, cet Inka est, d'après la tradition, celui qui rencontra le dieu majeur du panthéon inka. Con Tijsi Wiraqocha –dont il prit le nom par la suite-, qui lui aurait prédit l'arrivée d'hommes blancs et barbus, armés d'éclairs, qui détruiraient l'empire[xxxv]. Quoiqu'il en soit, le fait que cet Inka ait prit le nom du dieu nous mène à considérer qu'il s'identifia avec ce dieu et qu'il eut probablement une grande prééminence en tant que personnage religieux dans l'élite de jamautakuna inkas, avant l'ascension de la chaste militaire personnifiée par le jeune guerrier Pachakutij, et qu'il l'aurait conservée dans la mémoire orale des derniers habitants du Tawantinsuyu.

Ce personnage fut, donc, important dans le domaine religieux mais ceci ne signifie pas qu'on doive vouloir à tout prix trouver en lui, un chef militaire à la manière de Pachakutij. Nous passons outre cette vision dépassée de l'histoire qui prétend que tout le déroulement d'une époque historique peut être déterminé par le rôle personnel d'un seul individu, indépendamment des conditions objectives de son époque.

Comment comprendre, sinon, l'importance démesurée donnée à la personnalité de Yawar Waqaj ?

2. La bataille d'Ichupampa

Il est hors de doute que le conflit inka-chanka marque un point déterminant dans la postérieure histoire andine. Ce conflit signale l'aboutissement et la supération de deux siècles de vie tribale dans la région du Cuzco. Cette guerre fut le choc des deux peuples –les plus développés- et son résultat signifia pour le vainqueur, le peuple inka, le commencement d'une expansion qui dorénavant n'eut plus d'obstacles à s'accomplir.

D'après les chroniques, les chankas, insurgés et en marche vers la capitale inka, divisèrent possiblement son armée en deux ailes, en ayant comme centre d'opérations la région d'Andahuaylas, pour attaquer le Cuzco par deux secteurs au même temps. La première aile se dirigea vers Cotabambas, en passant par Huanacopampa, et jusqu'à ce qu'on appelle aujourd'hui « ferme chanka », propriété privée qui actuellement se trouve dans la juridiction de la province péruvienne de Paruro, département de Cuzco ; dans cette ferme il y a une grande plaine appelée Ayaccpampa ou « plaine du mort ». L'historien Péruvien Luis Pardo, qui visita la zone vers 1965, nous dit :

> *« …quand nous avons demandé aux aborigènes de l'endroit sur le nom de cette plaine, il nous ont dit qu'elle s'appelait ainsi parce qu'en toute sa circonférence il y avait beaucoup de squelettes, ce qui veut dire que dans cette plaine une grande bataille a eu lieu, bataille dont probablement les inkas furent vainqueurs ».*

L'autre aile de l'armée chanka traversa le fleuve Apurimac, en exterminant la petite garnison du pont Cunyacc et en arrivant jusqu'à Vilcalonga, où elle vainquit les tribus quichuas, se fraya un chemin jusqu'à Ichupampa. Cette aile, finalement, pénétra dans le Cuzco du côté du quartier de Carmencca, en convergeant ainsi les deux ailes chankas dans le centre de la ville.

À ce moment-là, l'Inka Wiraqocha se serait enfui à la région de Muina.

Sarmiento de Gamboa nous présente ainsi l'attaque :

> *« Les chankas attaquèrent la ville par ses quatre côtés et, ainsi, une sanguinaire bataille commença, les uns pour pénétrer dans la ville et les autres pour en défendre l'entrée. Et ceux qui y pénétrèrent, du côté de Chocoscachona, furent vaillamment repoussés par les gens de ce quartier ; et l'en raconte qu'une femme appelée Chanan Curycoca, se battit si courageusement et fit tant de ses mains contre les chankas qui avaient attaquée par-là, qu'elle les obligea à se retirer ».*

Si les chankas attaquèrent des quatre côtés et la défense n'en couvrait que deux, et en tenant compte de l'effet démoralisateur que sur les troupes eut la fuite du fils du Soleil, il est facile de comprendre la défaite de Cuzco.

Les chankas se livrèrent en suite à des actions de pillage et destruction qui auraient, d'après Pardo, endommagé les bâtiments de la ville :

> *« Il y a des traces de cette attaque qui sont visibles jusqu'à maintenant, tel ce qu'on peut voir au coin de la rue Ahuaccpinta ; le*

> *monolithe principal conformant le mur qui fait le coin a des énormes failles produites par des coups prémédités donnés par les attaquants à une époque très ancienne ; c'est pour cela que nous attribuons ces dégâts aux chankas ».*

Aussi, les travaux de restauration effectués dans l'ancien Qorikancha –affecté par le tremblement de terre en 1950- ont permis de constater l'existence de pierres monolithiques employées dans la construction du temple. Or, le style monolithique correspond à la civilisation de Tiawanaku, largement antérieure aux inkas et le fait que le temple, comme tous les autres bâtiments d'ailleurs, ait été réédifié, prouve bien que des dégâts y furent faits. Même à ce niveau concret, le rôle de réformateur reviendrait à Pachakutij[xxxvi].

Lorsque Pachacutij revenait de Muina, après s'être expliqué avec son père, les 4.000 soldats de celui-ci décidèrent de venir avec lui et faire face aux chankas occupants de leur capitale.

Arrivés au Cuzco, les premiers affrontements eurent lieu, prenant possession les chankas du quartier de Carmencca; par la suite, ils furent repoussés jusqu'à leurs antérieures positions d'Ichupampa. Les morts de la bataille de Carmencca furent enterrés dans le ravin voisin nommé aujourd'hui *Ayahuaicco*, c'est-à-dire « ravin des cadavres ».

Pachakutij, cependant, suivi par son armée, sortit du Cuzco et se dirigea vers la plaine d'Anta où il décida de réorganiser son armée avec les hommes qui fuyaient des régions voisines. Ainsi arriva-t-il è réunir une armée de 8.000 hommes alors que les chankas se trouvaient à quelques 40 kilomètres de là.

À ce moment, le prince apprend que plusieurs tribus quichuas –le peuple inka était une tribu quichua- telles que les cotapampas, cotaneras, aymaras et plusieurs autres voisines des chankas, avaient décidé de collaborer avec lui et venaient à son secours avec une armée de 20.000 hommes. Les raisons de cette attitude nous les trouvons dans l'hostilité immémoriale que les chankas éprouvaient pour tous ces peuples de race quichua, ce qui avait toujours été motif pour des fréquentes guerres entre eux. Ces tribus décidèrent, donc, de s'allier à Pachakutij pour éliminer définitivement le danger d'une suprématie chanka.

Pachakutij demeura dans cette plaine en préparant ses effectifs et, ayant reçu encore 5.000 hommes, leur pria de prendre position dans les ravins voisins, en corps de remplacement. Deux jours après les premiers contingents chankas arrivèrent vers Limatampu et se dirigèrent, à marches forcées, jusqu'à Jaquijahuana, où ils arrivèrent avant l'armée inka.

Le défenseur du Cuzco envoya des propositions de paix et amitié et son pardon pour les événements de Carmencca, mais les chankas, aveuglés par un apparemment imminent exploit, que la fuite de l'Inka Wiraqocha semblait sanctionner, ne répondirent que pour les rejeter. La tradition veut conserver la réponse orgueilleuse du chef chanka Huancohuallo : « *Demain on verra qui mérite régner et qui peut pardonner* ».

Le lendemain, l'armée de Pachakutij, se divisa en trois corps : le premier, pour résister à l'attaque principal ; le deuxième conformé par 5.000 soldats, devait attaquer le flanc droit des chankas ; et le troisième, composé par les hommes de la noblesse inka, qui devait prendre parti dans la bataille au moment définitif.

D'après le Major Lazo, dans son travail « Batalla de Yahuarpampa o Ichupampa », la bataille fut caractérisée par trois phases :

1. D'abord une attaque parallèle et de front menée par le premier corps de l'armée quichua qui arrive à résister fermement la formidable offensive de la masse chanka, et à maintenir l'équilibre de la bataille jusqu'à midi.

2. En suite une attaque inattendue du deuxième corps de 5.000 combattants, caché à la hauteur du flanc droit de l'ennemi, qui l'oblige à reculer, et le débordant, produit une attaque sur le flanc. La bataille continue incertaine, se

prolongeant à cause de l'héroïsme du chef chanka, Hanccohuallo.

3. Finalement, le troisième corps, situé sur le flanc gauche de l'ennemi, attaque énergiquement les fatigués chankas et affaiblit rudement son moral ; pour étendre par la suite son aile gauche et réaliser un mouvement enveloppant à la même heure où le père Soleil se couche comme s'il était joyeux de ce nouvel exploit de ses descendants.

L'auteur Markham suppose que la chute de Wiraqocha fut un « véritable coup d'État », opinion qui est partagé par le sociologue Franklin Pease. En tout cas, ce qui est sûr c'est que la victoire sur les chankas permit à la chaste militaire, représentée par Pachakutij, de prendre définitivement le pouvoir et de donner son essor à une expansion, quoique obscure en ce qui concerne à son développement, nous montre un empire énorme à l'époque de Wayna Qhapaj. Par la suite, cette chaste religieuse éliminée avec Wiraqocha, essaiera encore de reprendre le pouvoir avec l'Inka Amaru Yupanki, mais celui-ci, personnage religieux identifié avec le serpent (amaru − serpent), dut très vite s'effacer devant son frère cadet Tupaj Yupanki, chef militaire qui continua la tradition impérialiste inaugurée par son père.

3. L'empire à l'époque de Wayna Qhapaj

Sans vouloir entrer dans des spéculations plus ou moins vaines sur le rôle précis joué par Pachakutij, Amaru Yupanki, Tupaj Yupanki et Wayna Qhapaj, nous nous bornerons à décrire l'empire trouvé par les Espagnols, pour donner une idée du résultat de l'action militaire de l'État inka dans sa phase de développement de l'art de la guerre.

Les chroniques et les « quipucamayos » de Vaca de Castro coïncident en ce que Pachakutij et ses fils Amaru Yupanki et Tupaj Yupanki conquirent les provinces de Charcas, Chichas, Diaguitas et Tucumán – maintenant territoires boliviens et argentins-, les populations de Carabaya –péruvienne-, la région de Quito –dans l'Équateur actuel-, les côtes de Tarapacá jusqu'au fleuve Maule –territoires chiliens aujourd'hui- et certaines tribus de la jungle comme les chunchus et les mojos.

> *« Le miracle de Chita et la promesse du dieu Wiraqocha, étaient accomplis largement. La cruelle lutte avait duré 10 heures ; Huanccohuallo, chef chanka, et ses lieutenants, Tumay Waraca et Asto Waraca, étaient prisonniers ;...sur le champ de bataille gisaient les cadavres de plus de 30.000 combattants glorieusement tombés sur le bouclier ».*

Cette plaine est aujourd'hui appelée, en souvenir du sang versé lors de la bataille, *Yahuarpampa*, ce qui veut dire « plaine du sang ».

L'historienne péruvienne María Rostworowski de Diez Canseco, tout en rapportant les mêmes faits, soutient que la bataille fut celle du quartier de Carmencca, dans la ville de Cuzco, ce qui est une confusion de sa part, car la mémoire orale a gardé aussi bien le souvenir de la bataille de Carmencca, à l'intérieur de la capitale, que celui de la bataille d'Ichupampa, lorsque les Inkas se battirent avec la collaboration des autres tribus quichuas. Il y eut, à cette opportunité, une véritable confédération quichua -une première organisation politique, signe d'un certain degré de développement- contre l'ennemi commun.

Cette campagne terminée, Pachakutij prit le trône de son père -le fuyard Wiraqocha ne pouvait plus représenter les secteurs de l'élite - et marcha avec une armée de 6.000 soldats sur les territoires chankas pour y établir son autorité, ce qu'il fit, peut-être, par le biais de rigides normes organisatrices qui marquèrent la future organisation sociale inka.

Quoique Wayna Qhapaj achève la conquête de la région équatorienne, sa tâche fut plutôt celle de conserver l'intégrité territoriale de l'empire que de l'étendre davantage.

Selon la presque totalité de chroniqueurs, la longueur de l'empire était de quelques 4.800 kilomètres, depuis Pasto, au sud de la Colombie, jusqu'au fleuve Maule, un peu au-delà du parallèle 35 sud, tandis que la largeur était de 480 kilomètres dans la région du nord, d'après Anello Oliva, et au sud quelques 70 kilomètres, depuis l'océan et jusqu'à Samaipata, dans la province bolivienne de Florida. Selon Louis Baudin, l'empire était cinq fois plus vaste que la France, avec un total de 2.754,000 Km2. et avec une population de 12-15 millions d'habitants. Soulignons ici que le recensement fait au Pérou par ordre du roi Philippe II, en 1580, c'est-à-dire un demi-siècle après l'arrivée des Espagnols, ne donna qu'un total de 8.280.000 habitants.

Une classification des tribus et peuples soumis par les Inkas nous donne la liste suivante:

Région du plateau du Cuzco

* Ayllus ou lignages de la nation Inka :

- Hanan Cuzco
- Hurin Cuzco
- Inka
- Ayamarca
- Quispicanchis
- Muina
- Quehuar
- Huaruco
- Urcos

- Chinchapuycus
- Rimactampus
- Papris
- Mascas
- Chillquis
- Poques
- Mayus
- Cancus

* Ayllus ou lignages de la nation Cana :

- Ayaviris
- Canas
- Canches
- Cavinas

* Ayllus ou lignages de la nation Quichua :

- Yanahuaras
- Chumpivilcas
- Cotaneras
- Cotapampas
- Aymaras
- Umasuyus

* Ayllus ou lignages de la nation Chanka :

    - Hancohuallos
    - Quinuallas
    - Utusullas
    - Urumarcas
    - Vilcas
    - Tacmanas
    - Pocras
    - Iquichanos
    - Morochucos

* Ayllus ou lignages de la nation Huanca :

    - Sausas
    - Huancavilcas
    - Llacsapalancas
    - Pumpus
    - Chucurpus
    - Ancaras
    - Huayllas
    - Yauyus

* Ayllus ou lignages de la nation Rucana :

    - Rucanas
    - Soras

- ∞ Collahuas
- ∞ Huamampalpas

Région du Qollao et ses nations

* Collas

* Lupacas

* Pacasas

* Carangas

* Urus

* Collahuayas

* Quillacas

Région du Chinchaysuyu et ses nations

* Huanucu

* Conchucus

* Huamachucus

* Casamarcas

* Chachapuyas

* Huacrachucus

* Huancapampas

* Ayahuancas, avec ses ayllus Casa, Callua et Ayahuaca

<u>Région du Quito ou Tumipampa et ses nations</u>

* Quitus ou Caras

* Llactacuncas, avec 16ayllus

* Ancamarcas, avec 3 ayllus

* Hambatus, avec 6 ayllus

* Muchas, avec 6 ayllus

* Puruas, avec 31 ayllus

* Tiquisambis, avec 4 ayllus

* Lauis, avec 9 ayllus

* Canaris, avec 24 ayllus

* Paltas, avec 4 ayllus

* Zarzas, avec 13 ayllus

* Puritacus

* Cullahuasus

* Linguachis

* Cayambes, avec beaucoup d'ayllus

* Utaballus, avec 7 ayllus

* Chimbus, avec 6 ayllus

* Carangues

* Huancavilcas, avec 18 ayllus

* Mantas, avec 8 ayllus

* Caras

* Tacamis

Région de la côte ou yunka et ses nations

* Colanes

* Etenes

* Catacaos

* Sechuras

* Morropes

* Chimus

* Mochicas

* Changos

Les divisions des nations de l'empire correspondent aux régions géographiques qui le séparaient. Ces divisions sont cinq, quatre régions qui suivent la ligne des cordillères et la cinquième qui suit celle de la côte. La première et la plus septentrionale se situe sur une surface vaste entre le fleuve Ancasmayo et le nœud de Loja, elle appartenait à la zone « équatorienne ». La deuxième s'étend depuis Loja jusqu'au sommet séparant les fleuves Huallaga et Ucayali et c'était le Chinchaysuyu inka. La troisième région et la plus importante est celle qui entoure la capitale du Tawantinsuyu. La quatrième comprend le plateau du lac Titicaca et fut appelée Qollao. La cinquième c'est la région de la côte et elle s'étend tout au long du Pacifique depuis la baie de Guayaquil et jusqu'au désert d'Atacama, et fut connue par les Inkas comme la région des Yunkas.

CHAPITRE XIX : La fin de l'empire

Nous avions déjà dit que selon les informations des chroniqueurs, les Inkas essayèrent dans la mesure du possible de maintenir les groupes dirigeants des nations qu'ils conquéraient. Souvent en affirme que l'Inka se réserva le droit de nommer le kurakakuna et d'amener leurs enfants pour qu'ils fassent leurs études au Cuzco.

Peu à peu et avec la expansion géographique surtout, ce deuxième secteur de l'élite de hors du Cuzco semble avoir pris une importance croissante vis-à-vis du secteur traditionnel, qui avait perdu capacité d'adaptation à la nouvelle réalité posée par les conquêtes faites.

Postérieurement on voit qu'à mesure que les élites locales gagnaient en nombre, le pouvoir des élites de la capitale et leur participation au gouvernement diminuaient. Déjà à l'époque de Wayna Qhapaj on peut voir que ce secteur traditionnel, affaibli, commence à entrer en conflit avec les secteurs nouveaux, et ceci est attribué à la démesurée expansion de l'empire et aux divergences de l'élite, à l'éloignement prolongé de Wayna Qhapaj du Cuzco et, finalement, à l'influence croissante des groupes dirigeants locaux sur l'Inka, longtemps absent de sa capitale.

La grande expansion géographique obligea aux membres de la noblesse à s'éloigner du Cuzco ; normalement, les armées de l'Inka étaient commandées par un membre distingué de l'élite militaire et toutes les places de commandement étaient aussi occupées par des nobles. En n'importe quelle expédition militaire, il y avait toujours des nobles dans la direction. Or, la nouvelle campagne accomplie, c'étaient ces nobles qui devaient organiser les nouveaux centres administratifs, la prestation des tributs para les nouveaux jatunrunas, la préparation des futurs dirigeants de la région, résoudre le problème des troupes de la nouvelle garnison militaire. Tout cela contribuait à l'affaiblissement de la participation effective de l'élite au gouvernement central. D'autre part, le fait qu'au nord de Jauja et jusqu'à la Colombie actuelle, il n'y avait que deux centres administratifs d'importance –Cajamarca et Tumipampa- fait penser à un sérieux affaiblissement du système de colonisation et domination inkas.

Il semble bien que l'annexion de la région de Quito met en danger l'existence du système. D'une part, on constante une diminution de l'influence inka au nord de l'actuelle région centrale péruvienne ; d'autre part, on constante une concentration de la présence inka aux seuls centres administratifs, présence réduite au niveau formel dans les secteurs ruraux. La capitale est chaque fois plus lointaine et moins capable d'assurer le contrôle de ces régions éloignées.

La solution semble avoir été le renforcement des centres administratifs du nord, notamment de Tumipampa, avec une occupation militaire et administrative plus stable et assurée par la présence de l'Inka lui-même.

Tumipampa devint une réplique symbolique du Cuzco, mais ceci n'arrêta pas la perte de pouvoir de la capitale, tandis que l'influence des secteurs des secteurs éloignés continuait d'augmenter. De surcroît, l'absence de l'Inka enleva de son prestige au Cuzco, qui vit affaibli, au même temps, et sa position religieuse et sa situation privilégiée au niveau économique et social. L'Inka avait amené ceci, avec lui, à Tumipampa, en donnant ainsi une nouvelle dimension à cette région.

En effet, de par l'identification totale entre le Cuzco et la personne de l'Inka, on déduit que l'empereur ne pouvait pas quitter la capitale sans y provoquer des graves dérèglements. Or, Wayna Qhapaj provoqua ceci en demeurant à Tumipampa plus de temps qu'il ne fallait pour la bonne administration du territoire conquis. Tumipampa fut transformé en le lieu sacré le plus important, car elle n'était pas seulement une réplique du Cuzco, mais elle abritait en plus la personne divine de l'Inka. Ceci et la prééminence acquise par les secteurs de cette région, configurèrent l'opposition qui devait finalement favoriser la ruine du Tawantinsuyu.

Malgré tout l'Inka personnifiait l'empire et en assurait l'unité jusqu'au moment de sa mort.

L'histoire nous montre comment, à la disparition de Wayna Qhapaj, le secteur de Tumipampa se sentit assez fort pour prendre le pouvoir non pas seulement dans cette région mais dans tout l'empire, en provoquant ainsi la réaction traditionnel du Cuzco, la ville sacrée –Cuzco = « centre du monde »- personnifié par le dernier sapan auqui, Waskar.

Les conditions pour la guerre civile et l'effondrement de l'empire inka étaient, désormais, données, et l'arrivée des conquérants Espagnols ouvrait le chapitre –encore non inachevé- le plus sombre de la vie des indigènes andins.

BIBLIOGRAPHIE

Atienza, L. D. (1931). *Compendio historial del estado de los indios del Perú (1575)*. Jijón y Caamaño, La religión del imperio de los incas. Escuela tipográfica salesiana, Quito.

Baudin, L. (1962). *El imperio socialista de los Incas*. Santiago de Chile: Zig-Zag.

Baudin, L. (1955). *La vie quotidienne au temps des derniers Incas*. (Vol. 18). Hachette.

Berveiller, M. (1959). *Mirages et visages du Pérou: Texte imprimé*. Hachette.

Del Busto Duthurburu, J. A. (1970). *Perú antiguo (Vol. 1)*. Librería Studium.

De Las Casas, B., & Urteaga, H. H. (1892). *De las antiguas gentes del Perú: por el padre fray Bartolomé de las Casas (Vol. 21)*. Tipografía de Manuel G. Hernández.

Casas, B. D. L. (1966). *Très brève relation de la destruction des Indes*. Paris: La Découverte.

Cabello de Balboa, M. (1951). *Miscelánea antártica y origen de los indios y de los incas del Perú.-*

Universidad de San Marcos, Facultad de Letras, Instituto de Etnología.-Lima.

Castro Pozo, Hildebrando (1936). *Del ayllu al cooperativismo socialista*. Lima: P.Barrantes.

Castro Pozo, Hildebrando (1924). *Nuestra comunidad indígena*. Lima: Editorial El Lucero.

Cieza de León, P. (1967). *El señorío de los Incas*. Lima: Instituto de Estudios Peruanos.

Cúneo-Vidal, R. (1925). *Historia de las guerras de los últimos Incas peruanos contra el poder español*. Maucci.

Cunow, H. (1933). *La organización social del imperio de los Incas*. Ed. Librería Peruana. Lima.

Diez de Medina, F. (1973). *La teogonía andina*. La Paz: H. Municipalidad, 279.

Disselhof, H.D. (1971). *Das Imperium der Inka*. Berlin: Safari Verlag.

Inca Garcilaso de la Vega. (1973). *Comentarios Reales de los Incas*. Editorial Universo. Lima, Perú.

Guamán Poma de Ayala. (1936). *Nueva crónica y buen gobierno*. Lima: Fondo de Cultura.

Guillén, E. G. (1901). *Huáscar, el inca trágico*. Populibros Peruanos.

Jijón y Caamaño, J. (1934). *Los orígenes del Cuzco*. Imprenta de la Universidad Central, Quito.

Karsten, R. (1952). *La civilisation de l'empire Inca, un état totalitaire du passé*. Payot.

Lara, J. (1966). *El Tahuantinsuyo*. Cochabamba, Los Amigos del Libro, Enciclopedia Boliviana.

Levillier, Roberto. *Los Incas*. Sevilla, 1956. 260 págs. y un mapa plegable, 22 X 16 cms., 360 grs.—Col. Dos Colores, 90.

Lizárraga, Reginaldo de (2001). *Descripción breve de toda la tierra del Perú, Tucumán, Río de Plata y Chile*/de/Reginaldo de Lizárraga: *Jornadas del río Marañón*/de Toribio de Ortigosa--Madrid: Atlas, 1968 (p. 12). Fundación MAPFRE.

Lumbreras, L. G. (1974). *Los orígenes de la civilización en el Perú*. Editorial Milla Batres.

Carlos, M. J. (1964). *Siete ensayos de interpretación de la realidad peruana*. Lima: Empresa Editora Amauta.

Markham, C. R. (1910). *The Incas of Peru*. Dutton.

Metraux, Alfred. (1962). *Les Incas*. Paris.

Molina, Cristóbal de (1943). *Destrucción del Perú*. Año de 1553.

Murúa, Martín de (1946). *Historia del origen y genealogía real de los Reyes Incas del Perú (Vol. 2).* Consejo superior de investigaciones científicas, Instituto Santo Toribio de Mogrovejo.

Oliva, Juan Anello (1895). *Libro primero del manuscrito original del RP Anello Oliva, SJ: Historia del reino y provincias del Perú, de sus Incas reyes, descubrimiento y conquista por los españoles de la corona de Castilla, con otras singularidades concernientes a la historia.* Lima: Imprenta y librería de S. Pedro.

Pardo, Luis A. (1969). *La guerra de los Quechuas con los Chancas.* Lima: HG Rozas.

Pease, Franklin G. Y. (1972). *Los últimos Incas del Cuzco.* Lima: Imprenta Pablo Villanueva.

Prescott, W. H., & Torner, F. M. (1965). *Historia de la conquista del Perú.* Compañía general de ediciones, SA.

Rivero, M. E. de, & von Tschudi, J. J. (1851). *Antigüedades peruanas*, por ME de Rivero, y JD de Tschudi.

Riva Agüero, José de la. (1965). *Obras completas de José de la Riva-Agüero: Estudios de historia peruana: La historia en el Perú (Vol. 4).* Pontificia Universidad Católica del Perú.

Rostworowski de Diez Canseco, María, & Murra, J. V. (1960). *Succession, cooptions to kingship, and royal incest among the Inca*. Southwestern Journal of Anthropology, 417-427.

Saavedra Bautista. (1955). *El ayllu. Estudios sociológicos*. La Paz.

Sarmiento de Gamboa, P. (1943). *Historia general llamada índica*. Emecé Editores SA, Buenos Aires.

Tello, J. C. (1942). *Origen y desarrollo de las civilizaciones prehistóricas andinas*. Librería e imprenta Gil, S.A.

Toledo, F. D. (1920). *Informaciones al Virrey Toledo. Informaciones sobre el antiguo Perú*. Lima: Horacio H. Urteaga, Ed, 129-43.

Vaca de Castro, C. *Informaciones sobre el Antiguo Perú*. Colección" Historia del Perú, 3. Lima.

Velasco, P. (1946). JUAN SJ *Historia del Reino de Quito*. Historia Antigua, 2.

NOTES

[i] On confond trop souvent "Pérou ancien" et "Empire des Inkas». Le terme de « Pérou ancien » signale l'ensemble des territoires sur lesquels s'exerçait le contrôle des Inkas à l'apogée de leur puissance, c'est-à-dire le Tawantinsuyu, quoique cette expression n'existait point à l'époque.

[ii] Opinion exprimé par Louis Baudin, dans "L'empire socialiste des Inkas".

[iii] Extrait de son livre "Los últimos incas del Perú", edité à Lima en 1972.

[iv] Francisco de Jerez écrivit "Verdadera Relación de la Conquista del Perú y Provincia del Cuzco, llamada la Nueva Castilla; Pedro Sancho: "Relación para Su Majestad de lo sucedido en la conquista y pacificación de estas provincias de la Nueva Castilla"; Miguel de Estete: "La Relación del viaje que hizo el señor capitán Hernando Pizarro por mandado del señor Gobernador, su hermano, desde el pueblo de Caxamalca a Parcama y de allí a Jauja".

[v] On doit retenir cependant la "Relación de muchas cosas acaecidas en el Perú", de Cristóbal de Molina l'almagriste.

[vi] Il importe de souligner que jusqu'à présent le catholicisme n'a pas réussi à pénétrer dans l'âme indienne qui demeure dans son panthéisme original.

Voir « Siete ensayos de interpretación de la realidad peruana », de José Carlos Mariátegui.

[vii] Jesús Lara on dit: "Aucune parmi elles (les chroniques) mérita les faveurs de l'édition… », « El Tawantisuyu », La Paz, s.d.

[viii] Jesús Lara, o.c.

[ix] Notamment sur l'esclavage dans les mines des Andes.

[x] Brevísima relación de la destrucción de las Indias" et "Apologética historia sumaria", écrites en 1542 et publiées en 1552.

[xi] Il écrivit en latin la "Historia de los Inkas", œuvre qui fut détruite presque entièrement lors d'une attaque anglaise de la ville de Cadiz où il habitait ; quelques morceaux en furent sauvés par Garcilaso de la Vega, auteur aussi d'un « Vocabulario antiguo », disparu.

[xii] Il s'agit de la "Nueva crónica y buen gobierno », gros volume de 590 pages qui fut trouvé par Richard Pietschmann, directeur de la Bibliothèque de Göttingen, dans la Bibliothèque Royale de Copenhague, en 1908.

[xiii] Le fanatisme des Espagnols qui voyaient des objets d'idolâtrie dans les khipus a provoqué la disparition presque totale des exemplaires plus importants. Ceux qu'on peut voir voir aujourd'hui ont été trouvés dans des cimetières et n'ont, en conséquence, qu'une valeur

symbolique, sans contenir d'informations d'ordre statistique ou économique.

[xiv] Voir note antérieure.

[xv] Louis Baudin, o.c.

[xvi] Il s'agit d'autres tribus et nations de la région du Cuzco.

[xvii] "La organización social del imperio de los Incas", Heinrich Cunow, edité à Lima en 1933.

[xviii] "El ayllu", de Bautista Saavedra, edité à La Paz en 1955.

[xix] "Del ayllu al cooperativismo socialista", Lima, 1936; "nuestra comunidad indígena", Lima, 1924.

[xx] Les "andenes" c'étaient des terrasses construites sur le flanc des montagnes –à la manière des marches d'un escalier- pour utiliser au maximum toute la terre labourable.

[xxi] On ne peut pas définir clairement la tâche et mission des jamautakuna, quoiqu'il soit évident qu'ils avaient une grande importance dans l'administration inka. De Tschudi croit qu'ils avaient des conseillers juridiques auprès de l'Inka.

[xxii] Franklin Pease, "Los últimos incas del Cuzco"
[xxiii] Franklin Pease, o.c.

[xxiv] Installés déjà les Espagnols, nombre de kurakakuna firent appel à ce système juridique nouveau pour réclamer des terres qui leur appartenaient; il s'agit là possiblement des réclamations visant la conservation des dons –des terres dans ce cas- faits jadis par le souverain.

[xxv] "Comentarios Reales" de Garcilaso de la Vega.

[xxvi] O.c. de Garcilaso.

[xxvii] La deuxième moitié du mot jatunruna, "runa", signifie "homme ou animal qui pensé", par opposition à "llama" nom général des animaux; les Espagnols commencèrent à appeler ainsi, llama, exclusivement aux mammifères dont ils virent des troupeaux partout: les lamas d'aujourd'hui.

[xxviii] Nous donnons ici une "fusion" des versions de Waman Puma de Ayala et de Fernando de Santillán.

[xxix] D'après Garcilaso, les prostituées étaient celles qui n'arrivaient pas à se marier et celles au "tempérament prédisposé"; elles habitaient hors des villages, interdiction leur était faite d'y entrer et ne pouvaient pas se mêler. Selon cet auteur, il est probable que les hommes célibataires et les pères d'enfants nourrissons fissent appel à ces femmes -les mères des nourrissons

étaient considérées inaccessibles avant le sevrage, les rapports sexuels étant interdits jusqu'à là.

[xxx] Baudin soutient que la route était l'élément d'unification de l'empire.

[xxxi] Il cite les suivants auteurs: Víctor Belaúnde, "El Perú antiguo"; Spencer, "Principes de sociologie"; Trimborn, "Der Kollektivismus".

[xxxii] "Antigüedades peruanas" de Ribero et de Tschudi.

[xxxiii] xxxiii Baudin, o.c.

[xxxiv] Notamment, Levillier prétend que…"La véritable surface de l'empire n'est pas le total de Km2…pas toutes les terres signalées sur la carte ne donnèrent de la peine…il ne faut pas con plus y inclure les déserts, ni les landes, ni les punas stériles, ni les forêts, ni la cordillère, ni le sable…une Surface vraie de 900.000 Km2."

[xxxv] Michel Bervailler opine que …"Cette prophétie porte toujours les marques de l'oracle fabriqué après l'événement ; les chroniqueurs, d'après la tradition indigène, en ont rapporté d'autres, de même farine, tendant à représenter la conquête espagnole comme voulue, de toute éternité, par les destins –ou la Providence ».

[xxxvi] Voir "Trabajos de restauración en el Coricancha y Templo de Santo Domingo", Revista del Museo e Instituto Arqueológico de la Universidad Nacional del Cuzco", de l'auteur Oscar Ladrón de Guevara, Cuzco, 1967.

CARTES

1. Le Tawantinsuyu à son apogée

2. Réseau des chemins inkas: Qhapaj ñam

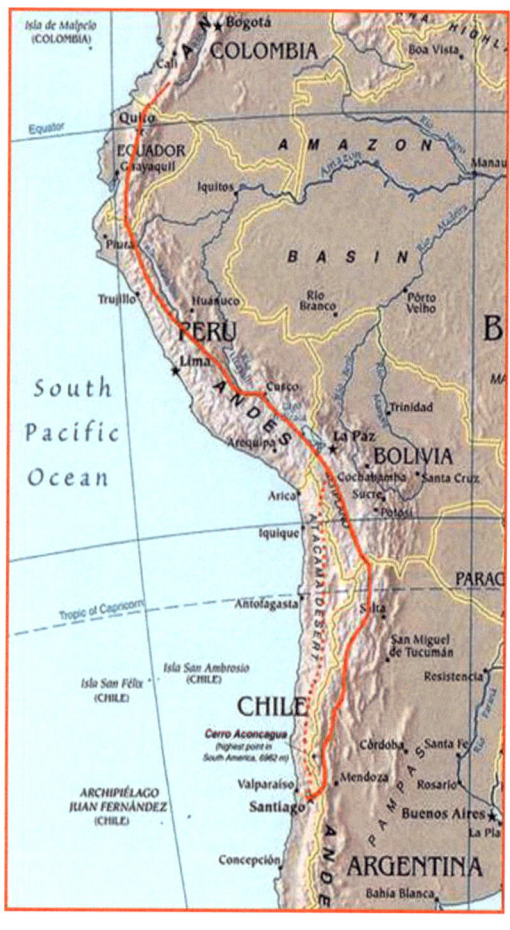

"Maqanakuypa chayninmi maqay utaq maqachikuy"
("Usos son de la guerra vencer o ser vencido")

Inka Atauwallpaj